변호사님, 이게 성범죄 피해가 맞나요?

변호사님, 이게 성범죄 피해가 맞나요?

초판 1쇄 발행 2022년 2월 10일

지은이 박원경
펴낸이 홍석문

편　집 권병두
디자인 엔드디자인(02.338.3055)

펴낸곳 탬
출판등록 2018년 10월 12일 제2018-000284호
주소 서울시 마포구 독막로7길 20 JP빌딩 401호
전화 070.4821.0883 **팩스** 02.6409.3055
이메일 taembook@naver.com **홈페이지** www.taem.co.kr
인스타그램 instagram.com/taem_book

ISBN 979-11-971481-4-9 13360

궁금한 모든 것,
이 책에 물어보세요

박원경 지음

변호사님, 이게 성범죄 피해가 맞나요?

태ㅁ
TAEM

머리말

잃어버린 권리 되찾기

최근 성범죄의 심각성에 대한 사회적 인식이 바뀌었고 각종 성범죄 관련 규정들이 재정비되었지만 가해자에 대한 '처벌강화'에만 중점을 뒀을 뿐 막상 피해자에 대한 보호나 배려는 그리 나아지지 않은 것이 현실이다.

또한 성범죄 피해자에 대한 사회적 인식 역시 '불쌍하다', '안타깝다'라는 걱정 내지 동정에만 초점이 맞춰져 있을 뿐 실질적인 피해회복 내지 배상에는 인색하다.

세상이 변하고 있다지만 아무도 나의 잃어버린 권리를 되찾아주지 않는다는 말이다. 피해자가 자기 권리의 회복을 위해 어떻게 행동해야 하는지 알려주는 사람도 없다.

권리 되찾기는 어쩌면 나중 일일지도 모른다. 피해자 입장에서는 자신이 일상생활 중 불미스러운 신체접촉이나 불편한 성적 농담을 들어도 이게 성범죄가 되는지, 그래서 경찰에 신고할 수 있는 사건인지 아니면 민사상 손해배상만 청구할 수 있거나 혹은 소속기관의 징계만 물을 수 있는 성희롱인지 구분하는 법에 대해서도 잘 알려주는 곳이 없다. 나아가 경찰신고나 형사고소를 했더라도 도대체 내 사건이 어떻게 진행되는지 경찰이나 검찰, 법원에서 속 시원히 알려주지 않는다며 답답해하는 경우도 많다.

그런 이유일까? 필자가 성범죄 피해를 입은 피해자와 법률상담을 하다보면 신고를 해야 할지 말지를 두고 고민에 빠진 사람이 많다. 첫 걸음부터 내딛기가 힘든 것이다.

2013년 6월 19일부터 모든 성범죄에 대한 친고죄, 반의사불벌죄 규정이 폐지되었지만 범죄 특성상 피해자와 가해자가 단둘이 있는 상황이 많기 때문에 여전히 경찰에 신고할지 말지는 여전히 피해자 본인의 선택 문제로 남아 있다. 실제로도 피해자의 신고나 고소가 없어 사실상 수사나 재판을 통해 처벌이 되지 않는 비율은 다른 범죄에 비해 성범죄가 압도적으로 높다.

어떻게 해야 할까?

지금까지 우리는 성범죄 피해자를 단순히 배려의 대상이나 약자로 여겼다. 그러나 이제는 달라져야 한다. 단순히 성범죄 피해자로 남을 게 아니라 자신의 권리를 정확히 알고 전략적으로 행사할 수 있는 적극적인 사람이 되어야 한다. 어떻게 잃어버린 나의 권리를 되찾고 소송에 대응할 것인가. 이 책의 출발점이다.

부디 이 책이 성범죄 피해를 극복하고 다시 일상으로 복귀하는 데 실질적인 도움이 되길 바란다.

서초동 연구실에서

변호사 박원경

목차

3장 · 성범죄 증거, 어떻게 확보할까?

4장 · 신고/고소 전 대응 전략 – 합의를 중심으로

5장 · 형사고소를 하기로 마음먹었다

6장 · 수사와 재판, 진행 상황을 알고 있어야 한다

7장 · 수사나 재판이 진행되는 동안, 가해자의 엄벌을 요청하거나 합의를 요청하려면

8장 · 증인으로 출석을 하라고 요청이 왔다

9장 · 혐의가 없다는 결정이 내려지면 어떻게 대응해야 할까?

10장 · 손해배상을 위한 민사소송, 어떻게 해야 할까?

1
장

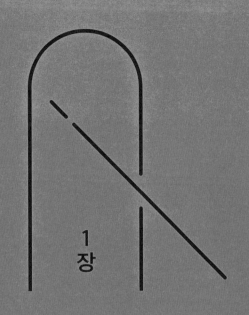

내가 당한 일이
성범죄가 맞나?

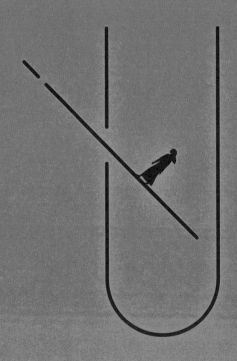

강간이나 강제추행이라면 의문의 여지없이 성범죄다. 구체적인 죄명이나 법 규정을 알지 못해도 형사고소 등을 진행하는 데 아무런 문제가 없다. 그런데 애매할 때가 있다. 과연 어디부터 성범죄가 되는 걸까?

1

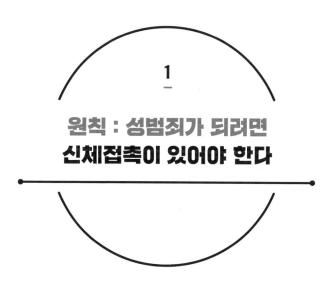

원칙 : 성범죄가 되려면 신체접촉이 있어야 한다

성범죄만이 형사고소가 가능하다. 성범죄가 아니면 고소해 보았자 상대를 법정에 세울 수 없다. 그렇다면 직장 동료나 상사로부터 들은 불쾌한 성적 농담은 형사고소감인가, 아닌가? 답부터 말하자면 아주 예외적인 경우가 아닌 한 직접적인 신체접촉이 없다면 형사사건이 되지 않는다.

: 성희롱의 영역 :

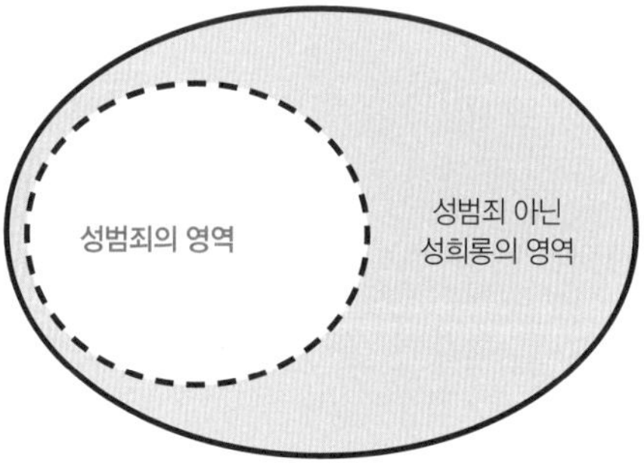

앞의 그림을 보면 성범죄는 성희롱의 한 종류다. 성희롱 가운데 범죄성을 갖는 것만을 성범죄라고 한다. 나머지는 '성범죄 아닌 성희롱'이 된다.

물론 성희롱은 그 자체로 민사상 불법행위에 해당하고, 소속기관에서는 징계책임의 대상이 된다. 무슨 말인가? 민사소송을 걸어서 재판에서 이기면 손해배상(금전)을 받을 수 있고, 혹은 회사에서 징계를 받도록 할 수도 있다. 단, 유죄, 징역 등과 같은 형사처벌이 되려면 성범죄로 인정받아야 한다는 말이다.

2

신체접촉 없이도 성범죄가 되는 경우들

성범죄는 '최소한' 몸을 만지는 등 신체접촉이나 성적인 행위가 있어야만 성립될 수 있다. 그런데 최근에는 신체접촉 없이도 성범죄가 되는 경우가 생기고 있다. 어떤 경우일까?

첫째, 불법촬영(카메라 등을 이용한 촬영 및 유포 등)

흔히 말하는 '몰카'나 '불법촬영' 범죄다. 성폭력범죄의처벌등에관한특례법 제14조 제1항에 보면 1) 카메라 등 기계장치를 이용하여 2) 성적 욕망 또는 수치심을 유발할 수 있는 타인의 신체를 3) 의사에 반하여 촬영하거나 유포한 경우 처벌한다고 되어 있다.

앞서 '몰카'라고 표현했지만 한 가지만 짚고 가자. 대개는 피해자의 의사에 반해서 몰래 촬영하기 때문에 '몰카'라고 해도 이상은 없지만 대놓고 일방적으로 촬영한 경우에도 범죄가 성립하기 때문에 어쩌면 '불법촬영'이라고 표현하는 것이 적절해 보인다.

한편 제2항에서는 유포 문제를 규정하고 있다. 즉 촬영 자체는 동의했지만 동의 없이 유포한 경우에도 처벌이 가능하다는 얘기다. 흔히 연인관계에서 서로 동의하에 성적인 사진이나 영상을 촬영했다가 헤어진 이후 보복 차원에서 인터넷에 사진이나 동영상을 올리는 경우가 있다. 과거에는 정보통신망법상 음란물 유포 정도로만 경미하게 처벌되었던 것인데 이를 보완하기 위해 신설한 규정이다. 따라서 1) 동의 없이 촬영한 불법촬영물이든, 2) 동의하에 촬영하였으나 유포에는 동의하지 않은 경우든, 3) 혹은 유포에 동의하지 않은 촬영물을 촬영자가 아닌 제3자가 유포하는 경우에도 역시 처벌대상이 된다.

또한 같은 법조항 제3항에서는 돈 벌 궁리로 인터넷에 올린 경우에는 가중처벌을 하도록 규정하고 있다.

제4항은 2020년 5월 9일에 신설되었는데 불법촬영물(촬영에만 동의한 경우 포함) 또는 복제물을 소지·구입·저장 또는 시청한 경우에도 처벌을 한다고 규정하고 있다. 온라인상에서 불법촬영물이 계속 유포되는 특성을 감안하여 소지나 단순 시청한 경우까지도 처벌대상을 확대했다.

: 관련규정 :

성폭력범죄의처벌등에관한특례법 제14조(카메라 등을 이용한 촬영)

① 카메라나 그 밖에 이와 유사한 기능을 갖춘 기계장치를 이용하여 성적 욕망 또는 수치심을 유발할 수 있는 사람의 신체를 촬영대상자의 의사에 반하여 촬영한 자는 7년 이하의 징역 또는 5천만원 이하의 벌금에 처한다. 〈개정 2018. 12. 18., 2020. 5. 19.〉

② 제1항에 따른 촬영물 또는 복제물(복제물의 복제물을 포함한다. 이하 이 조에서 같다)을 반포·판매·임대·제공 또는 공공연하게 전시·상영(이하 "반포등"이라 한다)한 자 또는 제1항의 촬영이 촬영 당시에는 촬영대상자의 의사에 반하지 아니한 경우(자신의 신체를 직접 촬영한 경우를 포함한다)에도 사후에 그 촬영물 또는 복제물을 촬영대상자의 의사에 반하여 반포등을 한 자는 7년 이하의 징역 또는 5천만원 이하의 벌금에 처한다. 〈개정 2018. 12. 18., 2020. 5. 19.〉

③ 영리를 목적으로 촬영대상자의 의사에 반하여 「정보통신망 이용촉진 및 정보보호 등에 관한 법률」 제2조제1항제1호의 정보통신망(이하 "정보통신망"이라 한다)을 이용하여 제2항의 죄를 범한 자는 3년 이상의 유기징역에 처한다. 〈개정 2018. 12. 18., 2020. 5. 19.〉

④ 제1항 또는 제2항의 촬영물 또는 복제물을 소지·구입·저장 또는 시청한 자는 3년 이하의 징역 또는 3천만원 이하의 벌금에 처한다. 〈신설 2020. 5. 19.〉

⑤ 상습으로 제1항부터 제3항까지의 죄를 범한 때에는 그 죄에 정한 형의 2분의 1까지 가중한다. 〈신설 2020. 5. 19.〉

남의 셀카 나체사진을 공개한 사건 : 과거에는 무죄, 지금은 유죄

서 씨는 석 달가량 만난 내연녀 A 씨가 2013년 11월 결별을 요구하자 갖은 수단을 동원해 괴롭히기 시작했다. A 씨가 휴대전화로 찍어 보내줬던 나체사진을 자신의 구글 계정 캐릭터 사진으로 저장하고 A 씨의 딸의 유튜브 동영상에 댓글 형식으로 올렸다. 1, 2심 법원은 성폭법상 카메라등이용촬영유포죄에 대해 유죄로 판단하였는데, 대법원은 나체사진 공개혐의에 대해 무죄로 판단하였다. (2016. 1. 11. 연합뉴스 기사)

해당 사건이 발생할 당시에는 피해자가 스스로 자신의 신체를 촬영한 사진이므로 당시 성폭력범죄의처벌등에관한특례법 제14조 제2항에 해당되지 않았다. 하지만 이와 같은 문제점을 감안하여 2020. 5. 19.자로 개정법 제14조 제2항에서는 "자신의 신체를 직접 촬영한 경우를 포함한다"라고 괄호 안에 명시하였다. 따라서 현행법상으로는 불법촬영물 유포죄가 성립하게 된다.

'레깅스' 불법촬영 사건 : 과거에는 무죄, 최근에는 유죄

불법촬영, 즉 카메라등이용촬영죄가 되려면 촬영행위 외에도 다음과 같은 2가지 요건을 구비해야 된다.

1. 피해자의 의사에 반할 것

피해자가 원치 않은 데도 사진을 찍으면 불법촬영이 될 수 있다. 만일 피해자가 '암묵적으로'라도 동의했다면 그때는 얘기가 달라진다. 동의한 것이 인정되면 그건 범죄가 될 수 없다.

2. 성적 욕망 또는 수치심을 유발할 수 있는 타인의 신체

그렇다면 피해자가 동의가 없기만 하면 모두 성범죄가 될까? 아니다. 만일 동의 여부만 따지면 초상권 침해와 구분이 안 된다. 초상권 침해는 형법의 대상이 아니라 민법의 대상이다('형법'은 유죄, 무죄, 감옥 등을 말할 수 있는 영역이고, '민법'은 배상 등 금전을 다투는 영역이다. 민사재판에서 이기면 배상 등을 받을 수 있다.). 예를 들어 노출 자체가 없는 일상복의 여성을 동의 없이 촬영한 경우, 해당 여성에게는 초상권 침해로 인한 불쾌감을 주었을 수는 있겠지만 그 자체로 불법촬영 성범죄라고 하기는 어렵게 된다. 그래서 법문상 "성적 욕망 또는 수치심을 유발할 수 있는 타인의 신체"라는 요건이 필요하게 된다. 그런데 이 요건을 두고 해석의 여지가 생긴다. 논란의 소지가 있는 레깅스 사건을 염두에 두면서 아래 대법원 판례(2008도7007 판결)를 잠시 살펴보자.

인격체인 피해자의 성적 자유 및 함부로 촬영당하지 않을 자유를 보호하기 위한 것이므로, 촬영한 부위가 '성적 욕망 또는 수치심을 유발할 수 있는 타인의 신체'에 해당하는지 여부는 객관적으로 피해자와 같은 성별, 연령대의 일반적이고도 평균적인 사람들의 입장에서 성적 욕망 또는 수치심을 유발할 수 있는 신체에 해당되는지 여부를 고려함과 아울러, 당해 피해자의 옷차림, 노출의 정도 등은 물론, 촬영자의 의도와 촬영에 이르게 된 경위, 촬영 장소와 촬영 각도 및 촬영 거리, 촬영된 원판의 이미지, 특정 신체 부위의 부각 여부 등을 종합적으로 고려하여 구체적·개별적·상대적으로 결정하여야 한다.

솔직히 말하자면, 필자도 위 판례에서 말하는 기준으로 뭔가를 판단하기가 어렵다. 가장 어려운 경우는 이런 때다. 1) 공개된 장소에서 2) 노출 없는 일상복을 촬영한 경우. 피해자의 의사에 반한 촬영이라면 초상권 침해는 되겠지만 과연 이것이 성적 욕망 또는 수치심을 유발할 수 있는 타인의 신체를 촬영한 것으로 보는 게 맞는지 판단이 곤란하다. 최근 논란이 된 소위 레깅스 판결 사건(대법원 20201. 1. 6. 선고 2019도16258)을 소개한다.

〈사실관계〉

피해자는 엉덩이 바로 위까지 내려오는 다소 헐렁한 운동복 상의를 입고 있었고, 발목까지 내려오는 검정색 레깅스 하의에 운동화를 신고 있어서 외부에 직접 노출되는 피해자의 신체부위는 목 윗

부분과 손, 레깅스 끝단과 운동화 사이의 발목 부분이었다. 피해자는 버스에서 하차하기 위해 뒤쪽 출입문 옆에 서 있었고, 피고인(*사진을 찍어서 법정에 선 사람)은 위 출입문의 맞은편 좌석에서 피해자의 뒷모습을 촬영하였는데, 피해자의 상반신부터 발끝까지 전체적인 피해자의 우측 후방 모습을 촬영하였고, 특별히 피해자의 엉덩이 부위를 확대하거나 부각시켜 촬영하지는 않았다. 피해자는 경찰조사에서 당시 심정에 대하여 "기분이 더럽고, 어떻게 저런 사람이 있나, 왜 사나 하는 생각을 했다."고 진술하였고, 이후 피고인에 대한 처벌불원의사를 표시하였다.

〈판결결과〉

1심 : 벌금 70만 원(피해자의 처벌불원의사 등을 감안하여 벌금형 선고)

2심 : 무죄(레깅스는 일상복이고, 레깅스를 입은 젊은 여성이라는 이유만으로 성적 욕망의 대상이 될 수는 없다며 무죄 선고)

여기까지만 보면 논란의 중심에 있다는 게 분명하다. 남은 건 최종심인 대법원 판결이다. 결과는 어땠을까?

3심 : 유죄

대법원이 유죄의 이유로 꼽은 건 다음과 같다.

1) '성적 자유'는 소극적으로 자기 의사에 반하여 성적 대상화가 되지 않을 자유를 의미하고 피해자가 성적 자유를 침해당했을 때 느끼는 성적 수치심은 부끄럽고 창피한 감정으로만 나타나는 것이 아니라 분노·공포·무기력·모욕감 등 다양한 형태로 나타날 수 있는 점

2) 피해자가 공개된 장소에서 자신의 의사에 의하여 드러낸 신체 부분이라고 하더라도 이를 촬영하거나 촬영 당하였을 때에는 성적 욕망 또는 수치심이 유발될 수 있다는 점.

이 사건이 왜 논란의 중심에 있는가 하면, 특정신체 부위를 부각시켜 촬영한 경우가 아니기 때문이었다. 설령 노출은 없더라도 신체에 밀착된 레깅스의 특성상 특정신체 부위(가령 엉덩이 등)를 부각하여 촬영하면 기존 판례에 의하더라도 논란의 여지없이 유죄가 된다. 그런데 특정신체 부위의 부각 없이 전체적인 모습을 촬영한 경우라서 애매했다. 그럼에도 유죄를 판결했다는 말은, 피해자가 느끼는 기분을 더 중시했다는 것으로 보인다. 조금 달리 표현하면 피해자의 성적 자기결정권의 범위를 넓힌 것이다.

둘째, 합성사진(허위영상물 등의 반포 등)

특정 인물의 신체 등을 찍은 영상물 따위로 성적 욕망 또는 수치심을 유발할 수 있는 형태로 편집하는 딥페이크 등이 성범죄가 된다. 관

련 피해가 급증했는데도 처벌 규정이 없거나 처벌 수위가 너무 낮아서 최근 신설되었다.

반포 등을 할 목적으로 타인의 얼굴·신체 또는 음성을 대상으로 한 촬영물, 영상물, 음성물(영상물 등)을 대상자의 의사에 반해 성적 욕망 또는 수치심을 유발할 수 있는 형태로 편집, 합성 또는 가공한 경우에 성립한다. 카메라등이용촬영물 유포죄와 마찬가지로 편집을 할 때는 대상자가 동의를 했더라도 반포까지 동의한 게 아니라면 처벌이 가능하다.

: 관련규정 :

성폭력범죄의처벌등에관한특례법 제14조의2(허위영상물 등의 반포등)

① 반포등을 할 목적으로 사람의 얼굴·신체 또는 음성을 대상으로 한 촬영물·영상물 또는 음성물(이하 이 조에서 "영상물등"이라 한다)을 영상물등의 대상자의 의사에 반하여 성적 욕망 또는 수치심을 유발할 수 있는 형태로 편집·합성 또는 가공(이하 이 조에서 "편집등"이라 한다)한 자는 5년 이하의 징역 또는 5천만원 이하의 벌금에 처한다.

② 제1항에 따른 편집물·합성물·가공물(이하 이 항에서 "편집물등"이라 한다) 또는 복제물(복제물의 복제물을 포함한다. 이하 이 항에서 같다)을 반포등을 한 자 또는 제1항의 편집등을 할 당시에는 영상

물등의 대상자의 의사에 반하지 아니한 경우에도 사후에 그 편집물등 또는 복제물을 영상물등의 대상자의 의사에 반하여 반포등을 한 자는 5년 이하의 징역 또는 5천만원 이하의 벌금에 처한다.

③ 영리를 목적으로 영상물등의 대상자의 의사에 반하여 정보통신망을 이용하여 제2항의 죄를 범한 자는 7년 이하의 징역에 처한다.

④ 상습으로 제1항부터 제3항까지의 죄를 범한 때에는 그 죄에 정한 형의 2분의 1까지 가중한다. 〈신설 2020. 5. 19.〉

[본조신설 2020. 3. 24.]

셋째, 촬영물 등을 이용한 협박·강요

소위 N번방 사건이 대표적이다. 피해자에게 성적 수치심이 유발될 수 있는 신체를 촬영하도록 한 뒤, 이를 통해 피해자를 협박하거나 강요하는 범행이다. N번방 사건이 터졌을 때만 해도 불법촬영죄 외에 형법상 단순협박 내지 강요죄로만 처벌이 가능했기 때문에 처벌 여부도 불분명하고 처벌수위도 높지 않았다. 이에 불법촬영물을 이용하여 협박하고 강요한 경우 별도의 성범죄로 처벌규정을 신설한 것이다.

참고로 불법촬영물로 협박을 한 경우, 만일 실제 촬영물이 유포될 경우 피해자에게는 돌이킬 수 없는 극심한 피해가 예상되기 때문에 수사 초기부터 가해자에 대한 체포, 구속 조치가 진행되는 것이 보통이다.

: 관련규정 :

성폭력범죄의처벌등에관한특례법 제14조의3(촬영물 등을 이용한 협박·강요)

① 성적 욕망 또는 수치심을 유발할 수 있는 촬영물 또는 복제물(복제물의 복제물을 포함한다)을 이용하여 사람을 협박한 자는 1년 이상의 유기징역에 처한다.

② 제1항에 따른 협박으로 사람의 권리행사를 방해하거나 의무 없는 일을 하게 한 자는 3년 이상의 유기징역에 처한다.

③ 상습으로 제1항 및 제2항의 죄를 범한 경우에는 그 죄에 정한 형의 2분의 1까지 가중한다.

[본조신설 2020. 5. 19.]

넷째, 성적 목적을 위한 다중이용장소 침입행위

성적인 목적으로, 이성의 공중화장실이나 목욕장 등에 들어가거나 나가라는 요구에 따르지 않을 때 성립하는 범죄다. 과거 이러한 규정이 없을 때는 성범죄가 아니라 단순 주거침입죄 혹은 퇴거불응죄로만 처벌되었다. 이런 문제를 해결하기 위해 신설된 규정이다.

이 법조항은, 성적 목적으로 화장실에 몰래 들어간 행위 자체를 처벌하는 규정인데, 여기에 더해 몰래 촬영까지 했다면 당연히 본 죄와 함께 카메라등이용촬영죄도 성립하게 된다.

: 관련규정 :

성폭력범죄의처벌등에관한특례법 제12조(성적목적을 위한 다중이용 장소 침입행위)

자기의 성적 욕망을 만족시킬 목적으로 화장실, 목욕장·목욕실 또는 발한실(發汗室), 모유수유시설, 탈의실 등 불특정 다수가 이용하는 다중이용장소에 침입하거나 같은 장소에서 퇴거의 요구를 받고 응하지 아니하는 사람은 1년 이하의 징역 또는 1천만원 이하의 벌금에 처한다. 〈개정 2017. 12. 12., 2020. 5. 19.〉

[제목개정 2017. 12. 12.]

다섯째, 통신매체를 이용한 음란행위

성적인 목적으로 음란통화, 음란채팅 등을 하는 경우 과거에는 경범죄 정도로만 취급되었으나 이제는 성범죄가 되었다.

: 관련규정 :

성폭력범죄의처벌등에관한특례법 제13조(통신매체를 이용한 음란행위)

자기 또는 다른 사람의 성적 욕망을 유발하거나 만족시킬 목적으로 전화, 우편, 컴퓨터, 그 밖의 통신매체를 통하여 성적 수치심이나 혐오감을 일으키는 말, 음향, 글, 그림, 영상 또는 물건을 상대방에게 도달하게 한 사람은 2년 이하의 징역 또는 1천만원 이하의 벌금에 처한다.

최근 대법원 판결에 의하면, 통신매체를 이용한 음란행위죄에서 말하는 성적 목적으로서 자기 또는 다른 사람의 성적 욕망을 유발하거나 만족시킬 목적에 관해 '성적 욕망'에는 성행위나 성관계를 직접적인 목적이나 전제로 하는 욕망뿐 아니라, 상대방을 성적으로 비하하거나 조롱하는 등 상대방에게 성적 수치심을 줌으로써 자신의 심리적 만족을 얻고자 하는 욕망도 포함되고, 이러한 '성적 욕망'이 상대방에 대한 분노감과 결합되어 있더라도 달리 볼 것은 아니라고 판시했다(출처 : 대법원 2018. 9. 13. 선고 2018도9775 판결 [협박·성폭력범죄의처벌등에관한특례법위반(통신매체이용음란)] 〉 종합법률정보 판례).

온라인이나 모바일 채팅, 게임상에서 화가 나서 성적인 욕설을 한 경우 성적 목적이 인정되기 어려웠는데, 위와 같은 대법원 판결에 따라 분노감에서 비롯된 성적 비하나 조롱의 경우에도 성적 목적이 있다고 판단될 수 있게 되었으며, 실제 관련 형사고소가 증가하는 추세다.

음란동영상 링크 사건 : 링크만 보낸 것도 문제인가?

피고인은 아래와 같은 휴대전화 카카오톡 메시지와 함께 음란동영상 링크를 전송하였다.

"KBS 창사특집 이미자, 장사익 특별음악 무대에 심취해 있는데 하와이에 있는 지인으로부터 귀한 비디오 10컷을 받았습니다. 보내드리니 조용히 감상하시길 바랍니다. 부끄러워 마시고 잘 감상하십시오. 포르노가 아닌 진짜 거시기한 영화 9편 감상하세요!! 찐한 영화 장면입니다. 아무튼 외국은 대단합니다."

단지 동영상 링크를 보낸 게 영상을 보낸 것과 동일한 것으로 볼 것인지 논란이 되었는데, 법원은 다를 게 없다며 통신매체이용음란죄에 해당한다고 판단하였다(서울서부지방법원 2015. 12. 10. 선고 2015고단1306호 사건).

여섯째, 직접 추행은 아니지만 추행이 되는 두 사례

대법원 판례에 따르면, 직접적인 신체접촉이 없더라도 아래와 같은 경우에는 강제추행죄가 성립한다고 본다.

〈사례 1 : 엘리베이터 안에서〉

밀폐된 엘리베이터에서 11세 여자 어린이가 보는 앞에서 자위행위를 한 경우 위력에 의한 추행죄의 성립을 인정(대법원 2013. 1. 16. 선고 2011도7164 판결)

- 이 사건에서는 직접적인 신체접촉은 없었다. 공연음란죄로 처벌하기에도 '공연'의 요건에 문제가 있었다. '공연'이 되려면 사람이 많은 곳이어야 한다. 그런데 단 둘만 있는 폐쇄된 엘리베이터라서 판단이 애매하다. 하지만 재판부는 당시 상황이나 피해자의 나이, 가해자의 행위 정도를 볼 때 위력과 추행행위로 볼 여지가 있다고 판단했다.

〈사례 2 : 추행을 지시한 경우〉

직접 추행이나 간음을 하지 않더라도 그러한 행위를 지시하거나 용이하게 한 경우 공범으로서 성범죄가 성립할 수 있다. 가령 N번방 사건에서 주범 조주빈은 직접 행위를 하진 않았지만 지시를 통해서 강제추행 등의 범행도 저지른 것으로 확인되었다.

3

피해자 모르게 신체접촉을 한 경우

추행이나 간음이 있었다. 그런데 사건 당시에는 피해자가 몰랐다가 나중에서야 아는 경우가 있다. 이때도 물론, 성범죄가 된다.

첫째, 준강간, 준유사강간, 준강제추행

술에 취하거나 잠이 든 상태에서 피해를 당하는 경우 피해사실을 모를 수 있다. 특히 술에 취한 경우, 동의하고 성관계를 한 것인지, 동의 없이 일방적으로 성폭력 피해를 당한 것인지 애매한 상태일 수 있다. 그러나 동의한 적이 없다면 당연히 심신상실 또는 항거불능의 상태를 이용하여 간음하거나 추행한 것으로, 성범죄가 성립된다(심신상실 : 사물을 변별하거나 의사를 결정할 능력이 없거나 미약한 상태를 말한다. 말이 좀 어려운데, 쉽게 보면 술에 만취하여 제대로 판단할 수 없는 상태, 깊이 잠에 든 상태 등이 대표적이다. 항거불능의 상태란 심신상실 외에 저항할 수 없는 상태를 말한다.).

둘째, 속아서(기망을 당해) 추행을 당한 경우

예를 들어 의사가 진료를 빙자하여 불필요한 신체접촉을 했다거나 혹은 모델의 사진 촬영 시 자세교정을 이유로 불필요한 신체접촉을 한 경우가 이에 해당한다. 피해자는 진료행위 혹은 촬영을 위한 자세교정이라고 여겨 당시에는 신체접촉을 용인했는데 두고두고 마음에 걸린다면 추행이 될 수 있다. 이처럼 가해자로부터 추행으로 볼 수 있는 신체접촉을 당했으나 그 행위가 정당한 것이라고 속아서 저항이나 거부의사표시를 하지 못할 때 속임수(위계)에 의한 추행이나 간음죄가 될 수 있다.

4

오래 전 사건, 기소할 수 있을까?

사건이 있었던 건 분명하지만 기간 요건을 채우지 못하면 수사도 기소도 못하는 경우가 있다.

먼저 알아야 할 것 : 2013년 6월 19일 친고죄 폐지

성범죄 발생시점을 기준으로, 2013년 6월 19일부터 모든 성범죄에 대한 친고죄가 폐지되었다. 친고죄는 피해자가 고소를 해야만 수사를 개시하고, 고소를 취소하거나 철회한 경우 수사나 재판(1심 재판에 한정)을 종결해야 하는 규정을 말한다. 친고죄는 피해자가 고소해야 수사가 시작되므로 "고소기간"을 지켜야 한다. 친고죄로 규정된 성범죄의 경우, 고소기간은 피해를 안 날로부터 1년으로 되어 있었다. 즉 피해 당시의 나이가 성년이고, 2013년 6월 19일 이전에 벌어진 사건이라면 2021년 현재는 고소기간 만료로 고소 자체가 불가능하다.

단, 미성년자는 얘기가 다르다. 똑같이 2013년 6월 19일 이전 사건이고, 피해 당시 나이가 미성년인 경우, 고소기간이 따로 없다. 왜 그런가 하면, 미성년자 대상 성범죄는 미성년자를 더 보호하기 위해 신고나 고소 없이도 수사와 처벌을 하되 피해자가 굳이 처벌을 원치 않으면 수사나 재판을 종결시키겠다는 취지에서 2008년 친고죄에서 반의사불벌죄로 변경했다가 2013년 6월 19일부로 반의사불벌죄도 폐지해버렸기 때문이다. 즉 2008년에서 2013년 6월 18일까지 성범죄 피해를 입은 미성년은 친고죄가 아니라 '반의사불벌죄'의 적용을 받게 된다. 그런데 반의사불벌죄는 피해자가 처벌의사를 취소하거나 철회하면 수사나 재판(1심 재판에 한정)이 종결되는 등 친고죄와 유사하지만 1) 피해자가 신고나 고소를 하지 않아도 수사나 재판이 진행될 수 있고 처벌도 가능하다는 점, 2) 그래서 고소기간 자체도 없다는 점이 다르다.

적용 법률에 따라 고소 가능 여부가 달라진다

최근 10년간 성범죄의 종류, 피해자의 나이나 가해자와의 관계(4촌 이내의 친족여부)에 따라 친고죄 규정은 굉장히 복잡해졌다.

1) 애초부터 친고죄나 반의사불벌죄 여부가 문제되지 않는 성범죄

예를 들어 2인 이상이나 흉기를 사용한 특수강간, 4촌 이내 친속관계 강간, 카메라 등 이용촬영 등의 범죄는 친고죄나 반의사불벌죄의 적용을 받지 않는다. 이 범죄들은 공소시효가 지나지 않았다면 여전히 수사와 재판 및 처벌이 가능하다.

2) 2013년 6월 18일까지 발생한 만 19세 이상 대상 강간, 강제추행 등 성범죄

1년 이내(2014년 6월 18일까지) 신고나 고소가 되지 않은 경우라면 친고죄 고소기간 규정에 따라 더 이상 수사나 재판 및 처벌을 받지 않게 된다. 단, 아주 예외적으로 동종의 수법으로 수회에 걸쳐 상습적으로 강간, 강제추행 등을 한 경우라면 상습범 규정(형법 제305조의2)이 적용될 수 있는데, 그 경우 친고죄 규정이 적용되지 않아 수사와 재판 및 처벌이 가능할 수 있다.

공소시효가 지나면 고소가 불가능하다

'공소시효'란 일정한 기간이 지나면 죄를 물을 수 없는 제도를 말한다. 해당 사건에 관해 국가의 형벌권 자체가 소멸된다고 보면 옳다. 공소시효 기간은 범죄에 따라 다른데, 각각 25년, 15년, 10년, 7년, 5년, 3년, 1년으로 정하고 있다. 주요 성범죄별 공소시효는 아래와 같다.

– 강간(강제추행)치상 : 15년

– 강간이나 강제추행 : 10년

– 카메라등이용촬영 : 7년

– 업무상 위력 등 추행, 공중밀집장소추행, 통신매체이용음란 : 5년

아동·청소년 대상 성범죄의 경우

아동·청소년의 성보호에 관한 법률 제20조에서는 아동·청소년대상 성범죄의 공소시효는 성범죄 피해를 당한 아동·청소년이 성년에 달한 날부터 진행하도록 하고, 아동·청소년 대상 강간, 강제추행 등 죄의 경우 DNA 증거 등 그 죄를 증명할 수 있는 과학적인 증거가 있는 때에는 공소시효 자체가 10년 연장되도록 규정하고 있다.

특히 13세 미만이나 정신적인 장애가 있는 사람에 대한 강간, 강제추행 등 중한 성범죄에 대해서는 아예 공소시효가 적용되지 않도록 하고 있다. 이와 같은 규정은 2019년 7월 15일부터 시행되었는데, 개정규정 시행 전 이미 공소시효가 완성된 범죄에 대해서는 적용이 되지 않도록 개정법 부칙에서 정하고 있다.

위와 같은 경우를 제외하고 피해자가 피해 당시 아동·청소년(만 19세 미만)인 경우만 문제되는데 기간별, 피해자의 나이(당시 만 13세 미만인 경우)별로 정리하면 다음 표와 같다.

<table>
<tr><th>아동·청소년 대상 성범죄 유형*</th><th>~2008.2.3. 범죄</th><th>2008.2.4. ~ 2010.4.14. 범죄</th><th>2010.4.15. ~ 2012.8.1. 범죄</th><th>2012.8.2. 이후 범죄</th><th>비고 (13세 미만자 대상 범죄의 경우 차이점)</th></tr>
<tr><td>아청법상 강간, 강제추행</td><td rowspan="5">친고죄</td><td rowspan="3">반의사 불벌죄</td><td rowspan="2">친고죄 X
반의사 불벌죄 X</td><td rowspan="3">친고죄 X
반의사불벌죄 X</td><td rowspan="2">성폭법 적용되는 경우
친고죄 X
반의사불벌죄 X</td></tr>
<tr><td>형법상 성범죄 (강제추행, 강간, 위력간음)</td></tr>
<tr><td>업무상 위력 추행**</td><td rowspan="3">반의사 불벌죄</td><td rowspan="4">13세 미만자 대상 범죄와 청소년 대상 범죄의 차이점 없음</td></tr>
<tr><td>공중밀집장소 추행</td><td rowspan="2">친고죄</td><td rowspan="2"></td></tr>
<tr><td>통신매체이용 음란</td></tr>
<tr><td>카메라 등 이용 촬영***</td><td colspan="4">친고죄 ×
반의사불벌죄 ×</td></tr>
</table>

* 법률조력인 전문화 과정(II) 2012, 법무부·대한변호사협회, 45쪽 표 참조

** 업무상 위력추행죄는 2006. 10. 27. 신설된 범죄이다. 그 이전에는 규정이 없으므로 처벌자체가 불가능하다.

*** 카메라등이용촬영죄는 2006. 10. 27. 신설된 범죄이다. 그 이전에는 규정이 없으므로 처벌자체가 불가능하다.

어려울 수 있다. 2021년 현재 시점을 기준으로 유형별로 살펴보자.

1) 범행 당시 피해자가 13세 미만이거나 4촌 이내 친족관계(사실상 친족관계 포함)인 경우 : 2008년 2월 2일 이전이든 이후든 공소시효가 남아 있는 한 수사와 처벌 대상이다.

2) 아동·청소년(만 13세 이상) + 2008년 2월 3일까지 범행인 경우 : 당시까진 친고죄이므로 고소를 하지 않았다면 고소기간(1년)이 지났으므로 더 이상 수사나 처벌을 할 수가 없다. 참고로 아동·청소년 대상

카메라등이용촬영죄의 경우 친고죄나 반의사불벌죄가 아니므로 현 시점에서 수사나 처벌이 가능할 수 있지 않느냐고 생각할 수 있으나, 앞서 본 공소시효 7년이 지났으므로 신고나 고소를 해도 수사나 처벌을 할 수 없다.

3) 아동·청소년(만 13세 이상) + 2008년 2월 4일 이후 현재까지의 범행인 경우 : 강간, 강제추행 등 범죄를 저지른 경우 친고죄가 폐지되었고 반의사불벌죄로 되어 있으므로 여전히 수사와 처벌이 가능하다. 다만, 2008년 2월 4일부터 2010년 4월 14일까지의 범행이라면 반의사불벌죄가 적용되어 신고나 고소 전뿐만 아니라 수사 및 1심 재판 선고시까지 피해자가 처벌불원 합의를 한다면 수사를 진행할 수 없고, 수사나 재판 중이라면 곧바로 종결 처리된다. 또한 업무상 위력추행죄의 경우 반의사불벌죄이긴 하나 공소시효가 5년이므로 그 기간이 지났으므로 수사나 처벌이 불가능하다.

법률상으로 처벌이 가능해도 실제로는 안 될 수도 있다

지금껏 설명한 것은 일반적인 법률상의 가능성을 말한 것인지 현실은 조금 다를 수 있다. 바로 혐의를 입증할 증거 문제다. 너무 오랜 시간이 경과하다 보니 피해를 호소하는 피해자의 진술(사건 당시의 정황, 피해 사실 등)이 구체적이지 못하거나 신빙성(믿을 만한지 여부)이 낮을 수 있고, 목격자나 보강증거가 없거나 부족할 수도 있다(보강증거 : 가해자의 자백 외에는 다른 증거가 없을 때 자백만으로 유죄를 선고할 수 없도록 하고 있는데 만일 자백을 뒷받침하는 다른 증거가 있다면 유죄가 될 수 있다. 이

때 다른 증거를 '보강증거'라고 한다.). 따라서 법률상 처벌가능성만을 생각하여 곧바로 신고나 고소조치를 할 것이 아니라 성범죄 등 형사전문변호사의 도움을 받아 신중히 판단해야 할 문제이다.

5

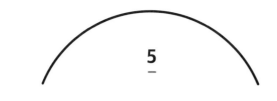

그래도 이게 성범죄인지 아닌지, 고소할 수 있는지 없는지 헷갈리면 이렇게 확인하자

성범죄 피해를 당한 것 같긴 한데 성범죄인지 아닌지 헷갈릴 수 있다. 어떻게 확인할 수 있을까?

첫째, 전문변호사와 상담하기

전문변호사와 상담이 가장 확실하다. 성범죄 여부는 물론, 대응책도 알 수 있다.

둘째, 인터넷 법률상담이나 성폭력상담소에 문의하기

인터넷 포털사이트에서 활동 중인 전문변호사들이 있다(네이버 지식iN 등). 이들에게 인터넷상으로 문의하여 조언을 듣는 것도 한 가지 방법이다. 또한 성폭력상담소와 같이 성범죄 피해자만을 위한 상담소에 전화를 거는 것도 한 가지 방법이 된다. 단, 인터넷이나 전화로 상담하는 경우에는 구체적인 사실관계를 일일이 설명하고 답변을 듣는 것이 아니므로 정확한 답변을 듣지 못할 수 있다. 참고한다는 생각으로 대하면 옳겠다.

셋째, 인터넷으로 관련 법률규정과 판례 직접 찾아보기

조금 더 품을 팔 수 있다면 직접 자료를 찾아보길 권한다. 내가 당한 일이 어떤 범죄에 해당하는지 찾으려면 인터넷 포털사이트나 국가법령정보센터(www.law.go.kr) 사이트에서 구체적인 법령정보를 찾아본다. 성범죄 관련 법령으로는 형법, 성폭력범죄의처벌등에관한특례법, 아동·청소년의성보호에관한법률 등을 검색해서 확인해볼 수 있다.

유사한 사건에 어떤 판결이 내려졌는지 알고 싶으면 법원 종합법률정보 사이트(glaw.scourt.go.kr)에서 검색어를 입력하여 관련 판례를 확인할 수 있다. 그런데 이 사이트에서는 주로 대법원 판례들과 중요 1, 2심 판례들만 검색되기 때문에 그 외 일반적인 사건들은 검색에 한계가 있을 수 있다.

이외에도 대한민국 법원 사이트에서 판결서를 인터넷으로 열람할 수 있는 서비스(www.scourt.go.kr)를 제공한다. 이용해보면 좋다. 열람하는 사람의 실명 확인 절차를 거치고, 소정의 비용(판결문당 1,000원)을 결제하면 열람 및 출력도 가능하다(참고로, 열람이 제한된 것도 있다.).

: 성범죄에 관한 주요 법률 :

우리는 계속 '성범죄'라는 말을 쓰고 있지만 성범죄를 공식 용어로 쓰고 있는 곳은 없다. 대신 추행이나 강간, 성폭력범죄 등으로 표현되어 있다. 그러나 이 책에서는 모두 묶어서 '성범죄'라고 한다. 다음은 성범죄를 다루고 있는 법률들이다.

- *형법
- 군형법
- 성폭력범죄의 처벌 등에 관한 특례법(**약칭 : 성폭법)
- 아동·청소년의 성보호에 관한 법률(약칭 : 아청법)
- 아동복지법
- 노인복지법
- 장애인복지법

* 형법 제32장에 '강간과 추행의 죄'가 있고, 제22장에 '성풍속에 관한 죄'가 있다. 이 가운데 '성풍속에 관한 죄'에는 돈 벌 목적으로 잠자리를 알선하는 음행매개죄, 음란물을 판매하는 음화반포 등 죄, 음란물을 만드는 음화제조 등 죄, 바바리맨의 죄목인 공연음란죄를 규정하고 있다.

** 법제처의 인터넷 국가법령정보센터(www.law.go.kr)에서는 법률명이 긴 경우가 많기에 약칭한 법률명을 기재해놓기도 하는데, 『성폭력범죄의 처벌 등에 관한 특례법』은 '성폭력처벌법', 『아동·청소년의 성보

호에 관한 법률』은 '청소년성보호법'으로 약칭하고 있다. 그런데 편의를 위한 것이지 공식적인 약칭명이라고 하기는 어렵다. 따라서 본 책에서는 일반적으로 약칭법률명으로 기존에 사용하고 있고, 일반인들에게 더 익숙할 수 있는 '성폭법'이나 '아청법'이라는 약칭을 사용한다.

: 성범죄 가해자에게 부과되는 것들 :

성범죄를 저지른 자에게는 앞으로 어떤 일이 기다리고 있을까? 모두 3가지가 있다.

1) 형사처벌 : 우리가 흔히 알고 있는 '징역', '벌금', '집행유예' 등이다. 판결을 통해 유죄 판결을 받아야 한다.
2) 민사상 손해배상청구 : 피해자가 민사 소송을 걸어 승소하면 가해자는 금전적 배상을 해야 한다. 민사 소송은 형사 소송과 별개로 진행되는데 대개 형사 소송의 판결이 민사 소송의 결과에도 큰 영향을 끼친다.
3) 보안처분 : 전자발찌나 신상 공개를 하는 걸 말한다. 형사 소송에서 유죄를 받으면 보안처분도 함께 내려진다.

이 가운데 보안처분이 다른 범죄에는 없는 특수한 불이익이다. 성범죄는, 다른 범죄와 달리 재범률이 높고, 한번 발생하면 피해자에게 돌이킬 수 없는 피해를 줄 수 있다. 이 때문에 보안처분을 통해 범죄를 예방하려는 것이다. 실제로 성범죄 가해자 입장에서 생각해보면, 벌금이나 감옥 가는 것보다 더 무서운 게 보안처분이다.
가령 초범인 경우에도 불법촬영을 하여 법원에서 경미하게 벌금형이 선고될 경우 아래와 같은 보안처분을 받을 수 있다.

신상정보등록 10년 + 신상공개/고지명령 + 500시간 이내의 수강명령
(이 중 신상공개/고지명령은 판사가 발부여부를 결정하는데, 초범이고 벌금 정도 사안으로 중하지 않다면 기각 가능성이 높다.)

보안처분에는 아래 표처럼 여러 종류가 있는데 모든 성범죄에 동일하게 적용되는 게 있고, 사안마다 다르게 적용되는 게 있다.

<성범죄 보안처분 종류>

종 류	언제, 얼마만큼 부과되는가?
신상정보등록	• 벌금형 : 10년 • 3년 이하 징역 : 15년 • 3년 초과 10년 이하 징역 : 20년 • 10년 초과, 무기, 사형 : 30년
신상공개/고지명령	대부분의 성폭력범죄
전자발찌	중한 성폭력(2회 이상 및 습벽)
화학적 거세, 약물치료	중한 성폭력범죄자 + 성도착증환자 + 재범 위험성
교육기관 등 취업제한	유죄 판결 시 10년 이내의 범위에서 법원이 정함
DNA 채취 및 정보보관	모든 성범죄
수강·이수명령	
보호관찰 등 일반보안처분	

* 보안처분 가운데 전자발찌, DNA 채취보관 등은 성범죄 외에도 강력범죄에 확대 적용되고 있다.

〈보안처분 종류 설명〉

① 신상정보등록 : 성폭력범죄로 유죄판결이 확정되면 관할경찰서에 성명, 주민등록번호, 주소 및 실제거주지, 직업 및 직장 소재지, 신체정보(키와 몸무게), 소유차량의 등록번호, 휴대전화번호를 제출하고, 10~30년간 매년 혹은 변경사유가 발생할 때마다 등록정보를 제출하는 것을 말한다. 특히 매년 1회 이상 경찰서에 출석하여 사진촬영을 해야 할 의무도 발생한다. 이사 다닐 때마다 새로운 정보를 등록해야 한다는 말이다(참고로 인터넷을 통해 신상정보를 공개하고, 거주지 주민들에게 우편으로 발송되는 것은 '신상공개/고지명령'에 해당한다. '등록 의무'는 말 그대로 '등록'만 하는 것이다.). 경미한 성범죄로 벌금형만 받아도 10년간이나 신상정보 등록의무가 발생한다. 다만 성범죄 중에서도 통신매체이용음란죄, 성적 목적 다중이용장소침입죄로 벌금형이 선고되는 경우에는 신상정보등록대상에서 제외된다. 또한 공연음란죄는 성범죄이긴 하나 풍속범의 성격으로 보기 때문에 신상정보등록대상에서 제외된다.

② 신상공개 / 고지명령 : 성폭력범죄로 법원에서 유죄판결을 내릴 때, 재범의 위험성이 있다고 판단하는 경우 등록된 신상정보를 인터넷(성범죄 알림e 사이트 www.sexoffender.go.kr)을 통해 일반에 공개하고(신상공개명령), 공개정보를 우편으로 같은 동 거주 이웃이나 교육기관장 등에 송부하는 것을 말한다(고지명령). 공개나 고지의 요건과 기간은 동일하며 형의 실효기간 범위에서 집

행되므로 선고형이 벌금형의 경우 3년 이내, 징역 3년 이내(집행유예 포함)일 경우 5년 이내, 징역 3년을 초과할 경우 10년 이내의 범위에서 정한다.

③ 전자발찌 부착명령 : 정확히는 '전자장치 부착명령'이라고 한다. 2회 이상 성폭력범죄를 범하고(같은 시점에 2회 범한 경우도 포함됨.) 성폭력 습벽 및 재범의 위험성이 있는 경우 전자장치 부착명령이 내려지며, 그 기간은 법정형에 따라 1년에서 30년까지 다양하다.

④ 화학적 거세 : 정확히는 '성충동 약물치료'라고 하며 성폭력범죄를 저지른 성도착증 환자가 만일 재범의 위험성이 있다고 판단되면 법원은 약물 투여 및 심리치료 등의 방법으로 도착적인 성기능을 일정기간 동안 약화 또는 정상화하는 치료를 부과할 수 있다.

⑤ DNA 채취 및 정보보관 : 범죄수사 및 예방을 위하여 성범죄를 저지른 자에 대해서 DNA시료를 채취하도록 하고 있다.

⑥ 교육기관 및 청소년관련기관 취업제한 : 성범죄로 유죄판결을 받은 자는 학교, 학원 등 교육기관 외에도 다양한 기관에 취업을 제한하고 있으며, 이미 취업한 경우 해임하도록 규정하고 있다. 취업이 제한되는 기관을 유형별로 정리하면 아래와 같다.

– 교육 관련 기관 : 어린이집, 유치원, 학교, 학원, 개인과외교습자, 가정방문학습교사, 교육관련 상담지원시설, 장애인특수교육 관련 기관

– 아동·청소년 관련 복지 시설

– 아동·청소년의 이용이 제한되지 않는 체육시설 등 : 수영장, 당구장, 골프장, 게임장, PC방, 노래연습장 등

– 청소년활동기획업소, 대중문화예술기획업소 : 연예기획사 등

– 의료기관 : 의료인에 한정. 의료법상 의료인은 의사, 치과의사, 한의사, 조산사 및 간호사만을 말함.

– 경비관련업 및 공동주택관리사무소 : 경비업무 직접 종사자에 한정

취업제한기간은 벌금 이상 선고일 때 일률적으로 10년이었으나, 2016년 헌법재판소에서 위헌결정을 내림에 따라 2018년 7월 17일부터 시행되는 아동·청소년의성보호에관한법률에 따르면, 법원이 취업제한 여부 및 10년 이내의 범위에서 취업제한기간을 정하도록 개정했다. 즉 재범의 위험성이 현저히 낮거나 특별한 사정이 있다면 취업제한 자체의 불이익을 받지 않을 수도 있다.

⑦ 수강·이수명령 : 성범죄로 유죄판결(선고유예 제외)을 받으면 500시간 범위에서 재범예방에 필요한 강의를 듣거나 성폭력 치료 프로그램을 이수할 것을 명령한다.

2
장

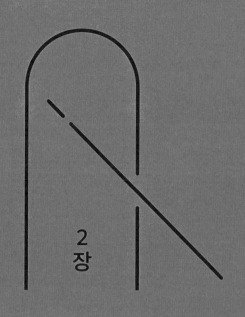

성범죄 피해,
어떻게 대응할 것인가?

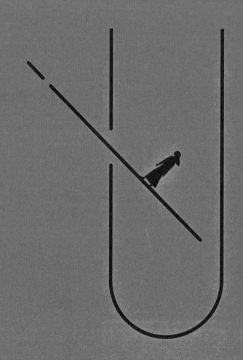

●

2013년 6월 19일자로 모든 성범죄에 대한 친고죄 규정이 역사 속으로 폐지되었다(친고죄 : 피해자가 고소하지 않으면 법정에 세울 수 없는 범죄). 하지만 대부분의 성범죄가 그렇듯 가해자와 피해자 단 둘만 있는 상황에서 발생하고, 구체적인 내막 역시 단 둘만 알고 있는 경우가 많기 때문에 피해자가 적극적으로 나서서 법적 조치를 취하지 않는 한 수사나 형사재판이 진행되기 힘들다.

물론 가해자를 이미 신고했거나 수사기관에서 직접 단속까지 한 경우라면 모르겠으나, 가해자가 평소 피해자의 지인이라면 신고든 고소든 고민스러운 건 사실이다. 게다가 친고죄였던 시절에는 피해자가 고소를 취하하면 사건을 덮을 수도 있었지만 이제는 한번 신고나 고소를 하면 사건은 피해자의 손을 완전히 떠나게 되고, 그때부터는 피해자가 어떤 행동을 취해도 사건을 종결시킬 수 없다. 이런 점들을 감안하면서, 우리는 어떻게 해야 할까?

●

1

신고나 고소도 '전략'이다

성범죄 피해를 입었다면 곧바로 신고/고소를 하는 것이 맞다. 시간이 지남에 따라 성범죄 증거가 사라질 가능성이 크기 때문이다. 가령 피해자의 몸에 남아 있는 체액이나 DNA 증거들은 목욕을 할 경우 확보하기 힘들 수 있다.

그런데 성범죄 발생 후 이미 상당시간이 흐른 경우에는 대응 전략이 달라진다. 이미 직접적인 증거를 확보했거나 아직 확보하지 못했거나 상관없이 신고나 고소를 "빨리" 하는 것보다는 "제대로 잘" 하는 것이 중요하다.

1) 아직 성범죄 증거가 부족하다면

증거 확보를 서두르는 것이 먼저다.

2) 이미 증거를 확보했다면

신고/고소 전 내가 진정 원하는 목표나 방향을 생각하며 고민하는 게 순서다.

신고/고소가 늦어져서 발생하는 문제보다는 제대로 준비하지 못한 채 신고/고소가 이루어져서 생기는 문제가 더 많다.

아래 대법원 판결을 보면, '늦은 신고/고소'는 아무런 문제가 없음을 알 수 있다. 보통 가해자(소송 때는 피고인)의 변호인은 '피해자가 신고/고소가 늦은 건 뭔가 석연치 않다'고 변론하며 속칭 '피해자다움'이 부족하다는 취지로 말하는데 요즘 판결문들은 전혀 그렇게 생각지 않는다.

〈대법원 판결문 일부 : 신고/고소가 늦어지는 이유에 대한 납득할 만한 설명〉

법원이 성폭행이나 성희롱 사건의 심리를 할 때에는 그 사건이 발생한 맥락에서 성차별 문제를 이해하고 양성평등을 실현할 수 있도록 '성인지 감수성'을 잃지 않도록 유의하여야 한다(양성평등기본법 제5조 제1항 참조). 우리 사회의 가해자 중심의 문화와 인식, 구조 등으로 인하여 성폭행이나 성희롱 피해자가 피해사실을 알리고 문제를 삼는 과정에서 오히려 피해자가 부정적인 여론이나 불이익한 처우 및 신분 노출의 피해 등을 입기도 하여 온 점 등에 비추어 보면, 성폭행 피해자의 대처 양상은 피해자의 성정이나 가해자와의 관계 및 구체적인 상황에 따라 다르게 나타날 수밖에 없다. 따라서 개별적, 구체적인 사건에서 성폭행 등의 피해자가 처하여 있는 특별한 사정을 충분히 고려하지 않은 채 피해자 진술의 증명력을 가볍게 배척하는 것은 정의와 형평의 이념에 입각하여 논리와 경험의 법칙에 따른 증거판단이라고 볼 수 없다.

(출처 : 대법원 2018. 10. 25. 선고 2018도7709 판결 [강간·특수상해·상해·특수협박·협박·폭행] 〉 종합법률정보 판례)

전략이라고 특별히 거창하게 생각할 건 없다. 있지도 않은 혐의를 씌워 가해자를 골탕 먹이자는 말도 아니다. 그저 피해자의 정당한 요구사항을 관철하기 위한 방법으로 이해하면 되겠다.

성범죄 가해자와 피해자를 모두 변호해본 입장에서 보면, 피해자가 대개 소극적인 게 사실이다. 가해자 측에서는 적극적으로 전문변호사를 선임하고 전략적으로 행동하는 데 반해, 피해자로서는 수사기관에서 피해 진술을 마치면 대개 사건이 어떻게 진행되는지 잘 모르는 경우가 많다. 가해자가 수사나 재판에서 어떻게 대응하는지도 모르므로 대응 자체가 어렵다. 아마도 피해자의 경우, 자신이 입은 피해 사실이 너무나도 자명하여 이를 객관화하여 수사기관과 법원을 설득하는 과정에 소홀히 하거나 혹은 이런 일은 경찰이나 검찰이 알아서 해줄 거라고 여기는 경우가 더러 있기 때문인 듯하다. 또한 안타깝게도 통상 대부분의 성범죄 가해자는 남성이고 경제적 지위에서도 성범죄 피해자인 여성에 비해 우위에 있다 보니 생기는 결과가 아닐까 추정도 해본다. 그렇다면 더더군다나 피해자는 '정당한 요구의 관철'이라는 차원에서 불리한 위치에 놓일 수밖에 없다.

성범죄 피해자에게 제공되는 정보는 제한되어 있다

범죄피해자보호법에서는 범죄피해자에게 수사나 재판상 정보를 제공받을 수 있도록 규정하고 있다. 하지만 피해자는 형사재판의 당사자(검사와 피고인 및 그 변호인)가 아닌 소송관계인에 불과하다보니 제공되는 정보가 제한적이다. 또한 무죄추정의 원칙과 가해자의 개인정보 보호 문제 때문에 막상 피해자가 확보할 수 있는 수사나 재판상 가해자에 대한 정보는 굉장히 부족하다.

아래 규정에서 볼 수 있듯이 피해자는 경찰에서 검찰에 송치할 때, 검찰에서 처분할 때의 각 수사결과, 형사재판 공판기일, 재판결과(판결문), 형집행 및 보호관찰 집행상황에 대해 관련정보를 제공받을 수 있을 뿐, 가해자의 이름 등 인적사항과 성범죄 혐의에 대한 가해자의 입장과 같은 사항을 제공받지 못한다.

〈관련규정 : 범죄피해자보호법〉

제8조(형사절차 참여 보장 등)

① 국가는 범죄피해자가 해당 사건과 관련하여 수사담당자와 상담하거나 재판절차에 참여하여 진술하는 등 형사절차상의 권리를 행사할 수 있도록 보장하여야 한다.

② 국가는 범죄피해자가 요청하면 가해자에 대한 수사 결과, 공판기일, 재판 결과, 형 집행 및 보호관찰 집행 상황 등 형사절차 관련 정보를 대통령령으로 정하는 바에 따라 제공할 수 있다.

제8조의2(범죄피해자에 대한 정보 제공 등)

① 국가는 수사 및 재판 과정에서 다음 각 호의 정보를 범죄피해자에게 제공하여야 한다.

1. 범죄피해자의 해당 재판절차 참여 진술권 등 형사절차상 범죄피해자의 권리에 관한 정보
2. 범죄피해 구조금 지급 및 범죄피해자 보호 · 지원 단체 현황 등 범죄피해자의 지원에 관한 정보
3. 그 밖에 범죄피해자의 권리보호 및 복지증진을 위하여 필요하다고 인정되는 정보

② 제1항에 따른 정보 제공의 구체적인 방법 및 절차 등에 필요한 사항은 대통령령으로 정한다.

2

피해자인 내가 진정 원하는 것이 무엇일까?

성폭력 피해를 당했다. 없었던 일로 돌아갈 수 없다. 치가 떨리겠지만 그럼에도 냉정해야 할 때다. 우선 내가 원하는 게 무엇인지 정리가 필요하다. 아래는 샘플이다.

– 가해자의 진정어린 사과

– 가해자에 대한 엄벌

– 피해배상

– 그 외 피해회복조치(불법촬영물의 삭제 및 회수 등)

그런데 다시 설명하겠지만, 경찰신고나 형사고소를 한다고 이런 요구들이 다 달성되는 건 아니다. '경찰신고'나 '형사고소'는 범죄가 발생했으니 수사하여 처벌해 달라는 의사표시일 뿐, 피해를 금전적으로

배상하라거나 피해회복조치를 요구하려면 따로 민사소송을 진행해야 한다. 또한 가해자의 사과는 형사든 민사든 법적으로 강제할 수도 없다. 유죄 판결을 받은 가해자가 끝까지 사과하지 않는 경우도 얼마든지 있다.

3

신고나 고소를 하지 않는 게 도리어 좋을 때, 그리고 나쁠 때

신고/고소는 필수일까? 물론 아니다. 실제로 신고나 고소를 꺼리는 피해자를 종종 만난다. 사건화하는 게 자신에게 좋을 게 없다고 생각하는 경우다. 그러나 사건화하지 않으면 해결할 수 없는 문제들이 있다. 다음은 필자가 직접 상담한 사례다.

〈불법촬영이 의심되었던 사건〉

채팅을 통해 또래의 남자를 만나 그날 술자리를 하고 술에 만취한 탓인지 다음날 모텔에서 잠을 깼다. 어떻게 같이 모텔까지 간 것인지 기억이 나지 않는 것도 문제지만 남자가 몰래 자신의 몸을 촬영한 것 같다는 느낌을 지울 수가 없었다. 며칠 후 남자에게 연락을 해서 휴대폰을 확인할 수 있게 해달라고 간곡히 요청했으나 이상한 여자 취급만 받게 되었다.

이 사례에서 해당 여성은 함께 성관계한 부분은 문제 삼고 싶지 않았으며, 남성의 불법촬영 여부만을 확인하고 싶어 했다. 그런데 경찰에 신고하거나 고소하지 않는 한 남성의 휴대폰을 확보할 수가 없으므로 촬영 혹은 유포 여부를 확인할 수 있는 방법이 전혀 없다. 그러나 형사사건화하기를 꺼렸기 때문에 달리 방법이 없었다.

이런 경우처럼 가해자에 대한 처벌이나 피해배상을 떠나 피해 여부를 확인하려면 반드시 수사기관의 도움이 필요하다. 경찰을 통해 확인하고 싶다면 1) 모텔에 함께 있을 당시 해당 남성이 몰래 촬영한 것으로 의심되는 사정을 찾아서 2) 형사고소를 하여 수사기관으로 하여금 해당 남성의 휴대폰을 압수하여 확인하거나 혹시 삭제했을 가능성을 염두에 두고 디지털 포렌식 기법으로 복원하도록 하는 방법밖에 없다.

반면 신고나 고소를 하지 않을 때가 사건 해결에 더 좋은 경우도 있다.

가해자에 대한 수사나 처벌보다는 피해 배상을 받고 조용히 마무리되길 희망하는 경우다. 대부분 피해 정도가 경미한 경우겠지만 신고/고소로 본의 아니게 주변에 이 사건이 알려지길 원치 않을 수 있다. 물론 경찰에 신고한다고 무조건 주변에 알려지는 것은 아니다. 하지만 가해자나 피해자가 같은 회사나 조직에 있다면 가능성을 배제하긴 어렵다.

가해자 역시 범행 자체를 인정하고 진심으로 반성하며 배상까지 약속한 경우라면 배상합의금 외에도 적절한 합의조건을 제시하여 형사사건화하지 않는 것이 피해자 입장에서 유리할 수도 있다.

필자가 피해자를 대리했던 사건 중에서도 같은 병원에 근무하는 직장상사로부터 추행을 당한 사건이 있었는데 가해자로부터 범행인정을 받고 배상까지 약속받은 상황이므로 합의금을 최대한으로 끌어올리고 가해자의 비밀 준수 및 직장 퇴사를 합의조건으로 하여 마무리시킨 적도 있다.

실제 형사사건으로 접수될 경우 수사기관에서는 위와 같이 피해자가 원하는 합의조건을 가해자에게 강요할 수 없다. 형사사법 기관에서는 국가형벌권 발동을 위한 범죄혐의 여부에 대한 수사만 할 수 있기 때문이다. 소위 '회복적' 사법절차가 아직까지 우리 법체계에서는 요원한 실정이다.

3장

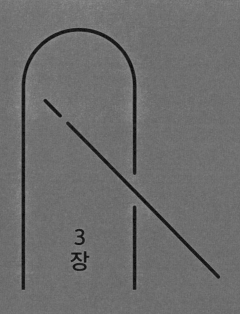

성범죄 증거, 어떻게 확보할까?

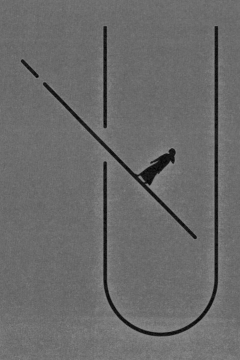

가해자와 피해자의 말이 서로 다를 때가 있다. 그래서 증거가 필요하다(이때 '증거'란 직간접 증인도 포함한다.). 형사재판뿐 아니라 민사재판에서도 증거재판주의는 원칙이다. 다만, 민사재판에서 승소하기 위해서는 약 51%의 증명을 요구한다면(상대보다 우위만 지키면 최소한의 승소가 보장된다.), 형사재판은 '합리적인 의심의 여지없는 (엄격한) 증명'을 요구하고 있다. 수치적으로 보자면 약 80% 이상의 유죄 증명을 요구한다고 이해하면 될 것 같다(100% 다 증명한다는 건 불가능에 가깝다.).

성범죄 피해자 본인에게는 피해사실 자체가 너무나도 자명하다 보니 가해자가 범행을 부인할 경우 억울하고 힘들 수밖에 없다. 하지만 수사관이나 재판관은 누구의 말이 사실인지 전혀 모른다고 전제하고 출발한다. 피해자라고 하더라도 객관적 증거 확보에 신경을 써야 한다는 말이다.

물론 성범죄의 특성상 가해자와 피해자 단 둘이 있는 상황에서 사건이 벌어지기 때문에 피해자의 진술만으로도 가해자에 대한 형사처벌이 가능하기는 하다. 피해자의 진술이 믿을 만하다면 말이다.

반면 가해자와 피해자의 말이 극명하게 엇갈리고 누구 말이 더 믿을 만한지 애매할 때는 무죄추정의 원칙상 가해자를 처벌시키기 힘들 수 있다. 이럴 경우 '정황증거'라도 있어야 피해자에게 유리한 판단을 받을 수 있다. 범죄 사실 자체를 증명하는 증거가 있다면 가장 좋겠지만 범죄 사실이 아니라도 범죄 사실을 뒷받침하는 주변 사실(간접사실)을 증명하는 증거, 즉 정황증거(간접증거)라도 있어야 유리하다는 얘기다. 예를 들어 범행현장에 남아 있는 지문이 정황증거(=간접증거)가 된다(지문만으로 범죄 사실 자체를 증명하는 건 아니지만 가해자가 현장에 있었다는 증거가 된다.). 실제 성범죄 사건의 경우 피해자의 진술 외에 사건발생 직후 및 이후의 여러 정황증거들이 중요한 유죄판단의 근거로 작용하고 있다.

1

전혀 모르는 가해자인 경우

신고나 고소가 빠를수록 가해자를 잡을 가능성이 높아진다. 시간이 지날수록 CCTV 영상 등 가해자를 특정할 수 있는 증거자료가 없어질 가능성이 크기 때문이다. 또한 피해자 본인의 기억도 희미해지면 가해자의 특징이나 피해내용을 정확히 기억하여 진술하기 어려울 수 있다.

가령 버스나 지하철 등 대중교통수단에서 추행을 당했다고 해보자. 신고가 늦으면 그 사이 버스나 지하철의 CCTV 영상 보관기간이 지나버릴 수 있다. 그러면 누가 가해자인지 확인할 수 있는 방법이 없다. 다행히 CCTV 영상을 확보했더라도 가해자의 외모, 복장, 특징에 대한 피해자의 기억이 희미해졌다면 가해자를 명확히 특정하지 못할 수도 있다.

따라서 전혀 모르는 가해자로부터 성범죄 피해를 당했다면 곧바로 경찰신고를 하는 것이 최선이다.

길을 가다가 누군가가 몸을 만지는 등 신체접촉 추행을 당한 경우, '목격자도 없으니 잡기 힘들 거야.'라고 생각하여 신고나 고소를 포기하는 경우가 있다. 그러나 가까운 방범 CCTV 영상을 통해서 가해자를 특정할 수도 있으므로 잡기 힘들다고 생각지 말고 신속히 신고나 고소를 하는 것이 최선일 수 있다.

해바라기센터 및 성폭력 피해자 전담의료기관 활용방법

해바라기센터는 성범죄 피해자에 대하여 365일 24시간 상담, 의료, 법률, 수사, 심리치료를 원스톱으로 제공하는 서비스로 서울대학교 병원과 같이 주요 대형병원 내에 위치해 있다.

전혀 모르는 가해자로부터 성범죄 피해를 받았다면 피해자의 입, 항문, 성기, 손톱, 유두 등에서 증거를 채취하여 가해자의 정액, 타액, 체모 등을 확보할 수 있다. 의학적 증거는 72시간 내에 진찰을 받아야 확보할 수 있으므로 몸을 씻지 않은 상태에서 가능한 한 빨리 병원에 갈 필요가 있다. 입은 옷 그대로 가거나 갈아입더라도 함께 가져가는 것이 좋다. 만일 곧바로 병원에 가기 힘들다면 피해 당시 입었던 옷 등은 '종이' 봉투에 보관한다. 밀봉된 비닐봉투는 습기가 차기 때문에 증거가 훼손될 수 있다.

또한 감염치료나 사후피임약 처방이 필요할 수 있으니 의료기관 방문이 적절하다. 상처나 멍든 부위를 사진으로 찍고 진단서 등을 끊는다. 멍이 2~3주 후 나타나기도 하므로 신경정신과 등에서 성범죄 피해에 대한 상담과 소견서를 받아두는 것도 도움이 된다. 해바라기센터는 24시간 의료진과 전담수사관이 상주하고 있어 응급의료지원, 심리상담, 수사지원(피해자 진술 녹화)이 가능하고 피해자 국선변호사 선임 등 법률지원도 가능하다.

센터의 도움을 극대화하기 위해서는 시간이 핵심이다. 실제로 곧바로 신고된 준강간 사건의 경우, 해바라기센터에서 응급의료지원 외에도 피해자에게서 채취한 혈액 및 체액 등을 국립과학수사연구원에 보내 아래와 같이 수사기관에 감정서를 보냈다.

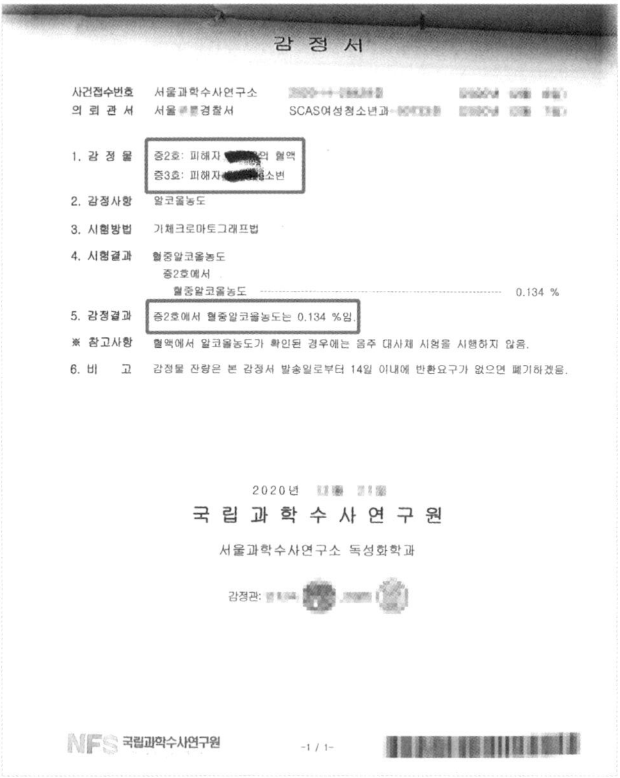

감 정 서

사건접수번호	서울과학수사연구소	
의 뢰 관 서	서울 경찰서	SCAS여성청소년과

1. 감 정 물 — 증2호: 피해자 [redacted]의 혈액
   증3호: 피해자 [redacted]소변
2. 감정사항 — 알코올농도
3. 시험방법 — 기체크로마토그래프법
4. 시험결과 — 혈중알코올농도
   증2호에서
   혈중알코올농도 ---------- 0.134 %
5. 감정결과 — 증2호에서 혈중알코올농도는 0.134 %임.

※ 참고사항 — 혈액에서 알코올농도가 확인된 경우에는 음주 대사체 시험을 시행하지 않음.

6. 비 고 — 감정물 잔량은 본 감정서 발송일로부터 14일 이내에 반환요구가 없으면 폐기하겠음.

2020년

국 립 과 학 수 사 연 구 원

서울과학수사연구소 독성화학과

감정관:

NFS 국립과학수사연구원 -1 / 1-

이 감정서에는 범행 당시 피해자의 혈중알코올농도가 감정되어 있다. 감정된 수치는 0.134%로 나왔다. 혈중알코올농도가 중요한 이유는 '준강간'의 요건인 음주만취로 인한 심신상실 상태였음을 입증해주기 때문이다.

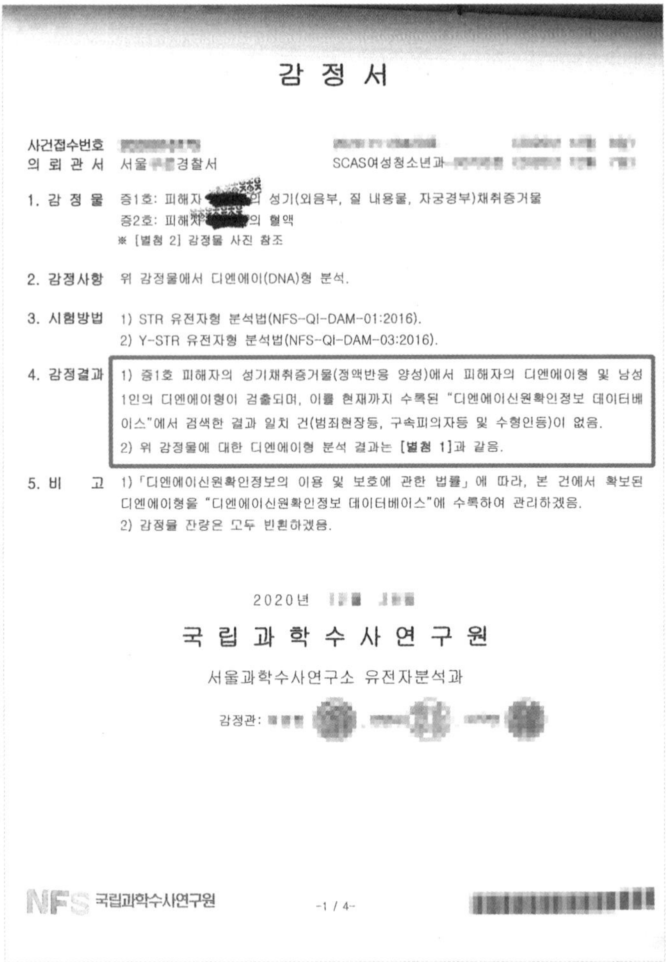

감 정 서

사건접수번호 [redacted] [redacted]
의 뢰 관 서 서울[redacted]경찰서 SCAS여성청소년과[redacted]

1. 감 정 물 증1호: 피해자 [redacted]의 성기(외음부, 질 내용물, 자궁경부)채취증거물
증2호: 피해자 [redacted]의 혈액
※ [별첨 2] 감정물 사진 참조

2. 감정사항 위 감정물에서 디엔에이(DNA)형 분석.

3. 시험방법 1) STR 유전자형 분석법(NFS-QI-DAM-01:2016).
2) Y-STR 유전자형 분석법(NFS-QI-DAM-03:2016).

4. 감정결과 1) 증1호 피해자의 성기채취증거물(정액반응 양성)에서 피해자의 디엔에이형 및 남성 1인의 디엔에이형이 검출되며, 이를 현재까지 수록된 "디엔에이신원확인정보 데이터베이스"에서 검색한 결과 일치 건(범죄현장등, 구속피의자등 및 수형인등)이 없음.
2) 위 감정물에 대한 디엔에이형 분석 결과는 **[별첨 1]**과 같음.

5. 비 고 1) 「디엔에이신원확인정보의 이용 및 보호에 관한 법률」에 따라, 본 건에서 확보된 디엔에이형을 "디엔에이신원확인정보 데이터베이스"에 수록하여 관리하겠음.
2) 감정물 잔량은 모두 반환하겠음.

2020년 [redacted]

국 립 과 학 수 사 연 구 원

서울과학수사연구소 유전자분석과

감정관: [redacted]

NFS 국립과학수사연구원 -1 / 4- [redacted]

피해자의 성기에서 채취한 증거물에서 가해자의 정액 유무를 확인하고, 가해자의 DNA를 검출하여 수사기관의 DNA 데이터베이스와 대조하여 일치하는 자료가 없다고 확인되었다. 수사기관에서는 성범죄를 저지른 가해자로부터 DNA시료를 채취하여 보관하고, 성범죄 가해자가 밝혀지지 않은 미제사건에서도 범행 현장에서 가해자의 것으로 추정되는 DNA자료를 발견하면 따로 보관한다. 그리고 성범죄가 발생하면 대조한다. 이 감정서를 보면 DNA 데이터베이스와 일치하는 자료가 없다고 나온다. 이 말은 수사기관에서 가해자의 DNA를 보관하고 있지 않다는 뜻이다.

감 정 서

사건접수번호	서울과학수사연구소 [redacted] [redacted]
의 뢰 관 서	서울[redacted]경찰서 SCAS여성청소년과 [redacted] [redacted]
1. 감 정 물	증1호: 피해자 [redacted]의 성기채취증거물(사진 제1호 참조)
2. 감정사항	콘돔성분검사
3. 시험방법	편광현미경검사 및 적외선분광광도법
4. 시험결과	증1호 슬라이드글라스 및 면봉에서 1) 콘돔에 사용될 수 있는 전분(starch) 입자가 식별되지 않음. 2) 콘돔에 사용될 수 있는 실리콘 오일이 검출되지 않음.
5. 감정결과	증1호에서 콘돔에 사용될 수 있는 전분 및 실리콘 오일이 검출되지 않음.
※ 참고사항	전분과 실리콘 오일은 콘돔에서 각각 고무접착방지제와 윤활제로 사용되며, 채취시간 (콘돔 사용 후 12시간 이후) 및 세척 등에 따라 콘돔성분이 검출되지 않을 수 있음.
6. 비 고	감정물은 전량 소모하였음.

2020년 [redacted]

국 립 과 학 수 사 연 구 원

서울과학수사연구소 독성화학과

감정관: [redacted]

NFS 국립과학수사연구원 -1 / 2-

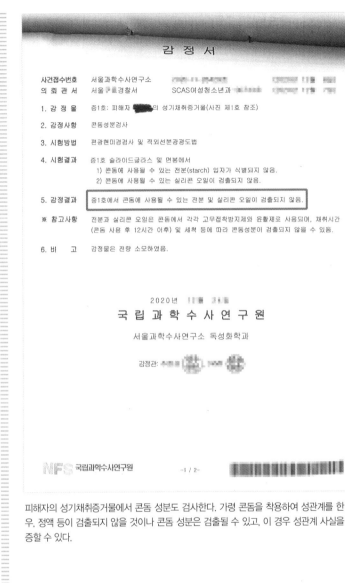

피해자의 성기채취증거물에서 콘돔 성분도 검사한다. 가령 콘돔을 착용하여 성관계를 한 경우, 정액 등이 검출되지 않을 것이나 콘돔 성분은 검출될 수 있고, 이 경우 성관계 사실을 입증할 수 있다.

감 정 서

사건접수번호 서울과학수사연구소 [illegible]
의 뢰 관 서 서울[illegible]경찰서 SCAS여성청소년과 [illegible]

1. 감 정 물 증2호: 채혈 튜브에 든 피해자[redacted]의 혈액
증3호: 플라스틱 용기에 든 피해자[redacted]소변

2. 감정사항 약성분(수면마취제류) 및 마약류성분 분석: 증2호 및 증3호

3. 시험방법 약성분(수면마취제류) 및 마약류성분 분석: 가스크로마토그라피/질량분석법, 액체크로마토그라피/질량분석법 및 면역시험법

4. 분석결과 가. 약성분(수면마취제류) 분석
증2호 및 증3호에서
가) 벤조디아제핀류 신경안정제의 확인시험 ---------- 음성
나) 바르비탈산류 진정수면제의 확인시험 ---------- 음성
다) 페노치아진류 신경안정제의 확인시험 ---------- 음성
라) 케타민 등 전신마취제류의 확인시험 ---------- 음성
마) 졸피뎀 등 진정수면제류의 확인시험 ---------- 음성
바) 독시라민, 디펜히드라민 등 일반수면제류의 확인시험 ---- 음성
나. 마약류성분 분석
증2호 및 증3호에서
가) 메트암페타민의 확인시험 ---------- 음성
나) 엠디엠에이(MDMA)의 확인시험 ---------- 음성
다) 카르복시테트라히드로칸나비놀의 확인시험 ---------- 음성
라) 아편알칼로이드류의 확인시험 ---------- 음성
마) 코카알칼로이드류의 확인시험 ---------- 음성
바) 지에이치비(GHB)의 확인시험 ---------- 음성

5. 감정결과 증2호 및 증3호에서 벤조디아제핀류 신경안정제, 바르비탈산류 진정수면제, 페노치아진류 신경안정제, 케타민 등 전신마취제류, 졸피뎀 등 진정수면제류 및 독시라민, 디펜히드라민 등 일반수면제류, 메트암페타민, 엠디엠에이(MDMA), 카르복시테트라히드로칸나비놀, 아편알칼로이드류, 코카알칼로이드류 및 지에이치비(GHB)가 검출되지 않음.

※ 참고사항

6. 비 고 감정물 잔량은 본 감정서 발송일로부터 14일 이내에 반환요구가 없으면 폐기하겠음.

NFS 국립과학수사연구원 National Forensic Service -1 / 2-

피해자의 혈액 및 소변에서 수면마취제나 마약성분 유무도 같이 검사한다. 준강간 사건의 경우 술이나 음료수에 수면제나 마약을 투여하여 심신상실 상태를 유발시켜 간음하는 범행을 저지르는 경우도 있기 때문이다. 이와 같이 수면제나 마약을 투여시켜 간음하는 경우에는 법률상 '폭행'을 통해 간음한 것으로 보기 때문이 준강간이 아니라 강간죄로 바뀔 수 있다.

신고가 늦을 때는 반드시 늦어진 이유를 설명할 수 있어야 한다

성범죄의 증거는 수사기관에서 수집하고 확보하는 것이 맞다. 하지만 성범죄의 특성상 피해자가 스스로 확보할 수밖에 없는 증거들이 있다. 수사기관에서 알아서 해주겠지 하고 기대하는 것은 무리다.

지인으로부터 성폭력 피해를 입었다고 가정해 보자. 신고/고소를 할까 말까 고민하는 사이 몇 달이 흘렀다. 그러다 하루는 도저히 참을 수 없어 충동적으로 경찰에 신고했다. 이런 경우 담당형사가 어떻게 나올까?

"가해자가 부인해버리면 딱히 방법이 없는데, 일단 수사는 해볼게요."

형사는 왜 이렇게 말한 걸까? '바로 신고하지 않고 지체한 이유가 무엇인지' 궁금하기 때문이다.

'성범죄 피해를 입었다. 그런데 곧바로 피해신고를 하지 않았다. 몇 달이 지나도록 신고를 하지 않을 이유는 없었다. 이제야 신고했다. 과연 성범죄 피해를 입은 것이 맞을까?'

주로 지인이 가해자인 경미한 수준의 강제추행이나 준강간 사건에서 이런 경우가 흔하다. 이 때문에 경찰이나 검찰조사, 형사재판 증인으로서 가장 많이 해명해야 할 부분이 바로 '곧바로 피해신고를 하지 않은 이유'가 될 수밖에 없다. 그럼 어떻게 해야 할까? 앞서 일부 설명한 바와 같이 가해자와의 관계 등을 감안하여 곧바로 신고하지 못할 수밖에 없었던 상황을 충분히 해명할 수 있도록 준비한다.

2

지인이 가해자인 경우

이 경우에도 증거확보를 위해서는 즉시 신고/고소를 하는 것이 바람직하다. 그러나 가해자와의 관계에 따라 망설일 수 있다. 또한 교제하던 사이거나 어느 정도 성적 접촉이 용인되는 상황이었다면 지체 없는 신고가 능사는 아닐 수 있다. 어떻게 할까?

첫째, 대화 녹음하기

가장 대표적인 방법이 대화나 통화를 녹음하거나 문자메시지를 확보하는 것이다. 가해자로부터 성적 접촉사실 및 피해자의 의사에 반해 강제로 성적인 행위가 있었던 사실에 대해 인정을 받고 이를 녹취나 문자메시지 캡처처럼 증거 자료를 만들어 신고/고소를 하는 방법이다.

제3자가 몰래 대화를 녹음하면 불법이라서 증거가 될 수 없지만 당사자끼리의 대화를 녹음하는 건 정당한 증거확보 방법이다. 참고로 피해자와 가해자가 대화를 하고 제3자는 대화에 참여하지 않은 채 비밀녹음만을 한 경우 제3자 및 피해자는 통신비밀보호법위반으로 처벌될 소지가 있으며, 이렇게 확보한 녹음 및 녹취자료는 위법하게 수집한 증거이므로 수사나 형사재판에서 활용되지 못할 수도 있으니 유의할 필요가 있다(위법수집증거배제 법칙 : 형사상 유죄로 판단하기 위한 증거는 그 수집절차에 있어서도 위법하지 않아야 증거능력이 인정되는데, 위법하게 수집된 증거는 유죄판단의 증거로 사용할 수 없는 법칙을 말한다.). 물론 제3자도 함께 대화를 하며 비밀녹음을 한 경우에는 통신비밀보호법위반의 문제나 위법수집증거의 문제는 거의 없다고 보면 옳다.

또한 가해자가 곧바로 사과를 하면서 합의를 요청한 경우 그와 같은 내용은 유력한 증거가 될 수 있으니 해당 문자나 통화녹음을 확보하자.

가해자와 대화할 때는 이렇게

아래 예를 보자.

피해자 : 너가 어제 날 강간한 거 알고 있지?

가해자 : 너랑 어제 같이 술 마시고 같이 모텔에 가서 성관계했잖아. 뭐가 강제적이라는 거야?

피해자 : 술 마시고 전혀 기억이 없고, 나한테 성관계에 대해 동의

구했어? 내가 술에 많이 취했다는 건 너도 잘 알고 있잖아. 그런데 너가 일방적으로 성관계한 거잖아.

위 대화처럼 피해자가 곧바로 강간한 사실이 있냐고 추궁하는 것은 적절치 못할 수도 있다. 오히려 성관계를 한 것인지 여부에 대한 확인과 당시 피해자의 상태에 대한 가해자의 생각을 물어보고 의견을 묻는 것이 적절하다. 물론 피해자가 강간 여부를 추궁한 점은, 피해자이기 때문에 얼마든지 그럴 수 있다고 볼 근거가 될 수도 있다. 그러나 반대로 가해자는 강제성을 부인하고 동의하에 한 것이라고 주장하기 때문에 준강간 혐의를 입증할 증명력은 그리 크지 않다고도 볼 수 있다. 그렇다면 어떻게 할까?

일방적인 답변 강요는 금물

자연스럽게 대화가 이어져야지, 일방적으로 답변을 강요하여 강간이나 추행을 인정받는 것은 대화 전체 취지로 보아 유죄의 증명력이 제한된다. 가해자가 단지 피해자를 위로하거나 당시 대화 상황을 무마하기 위해 인정한 것이라고 주장할 수 있기 때문이다.

강간이나 추행을 인정하라는 것보다는 성관계 여부 및 강제성을 인정받을 것

일반인이 강간이나 강제추행의 법률개념을 정확히 알기 어렵다. 따라서 강간이나 강제추행 자체를 인정받는 것보다는 강간이나 강제추행의 요건인 성행위 사실 자체 및 동의를 받은 것인지 등을 인정받는 것이 필요하다. 따라서 냉정하고 이성적인 대화를 통해 가해자의 범행 시인을 받아야 하며, 가해자가 반박할 경우 적절히 재반박할 준비도 해놓고 녹음해야 한다.

가해자 역시 녹음할 수 있음을 유의할 것

뭔가 불미스러운 성적 접촉이 있었다면 가해자 역시 걱정하고 대비할 것이다. 피해자가 당시 상황에 대해 대화를 시도할 경우 가해자도 대비하고 답변을 할 수 있다. 오히려 피해자가 의도한 가해자의 답변이 나오지 않거나 혹은 가해자가 적극적으로 설득력 있게 반박할 경우 이런 대화 내용을 가해자가 녹음하거나 확보하여 무혐의, 무죄의 증거로 사용할 수도 있다.

둘째, 지인에게 피해 사실 알리기

가해자와의 대화를 녹음하는 방법 외에 또 어떤 방법이 있을까? 피해자의 친구나 지인 등 주변인에게 피해 사실을 이야기하는 것도 필요하다. 단순히 피해 감정을 위로받는 차원을 넘어 피해자가 그 주변인에게 피해 사실을 이야기했다는 점, 그 피해 사실을 전해들은 주변인의 진술이 증거가 될 수 있기 때문이다(물론 그 주변인이 소문을 퍼뜨릴 사람이 아니라는 전제도 필요하겠다.).

실제로 성범죄 피해를 당한 것도 아니라면 굳이 주변인에게 피해 호소를 할 이유가 있겠냐는 관점에서도 꽤 유력한 증거가 된다.

셋째, 일기나 메모 등에 기록하기

절친이라도 피해 사실을 알리기 꺼려진다면 일기나 메모지에 기록을 해놓는 것도 방법이다. 물론 자필로 기재하고 날짜도 적어놓는다면 증거로 충분히 활용 가능하다.

3

주요 피해 사실에 대한 증거 수집하기

개별 증거를 모으는 방법을 알아보자.

첫째, 성관계 사실에 대한 증거 모으기

강간, 준강간 등의 성범죄는 성관계 여부를 증명하는 게 핵심이다. 성관계를 했다면 피해자의 몸에 가해자의 체액 등 DNA 증거가 남을 수밖에 없다. 또한 당시 옷이나 속옷에서도 DNA 증거가 발견될 가능성이 있다. 피해 이후 72시간 이내라면 병원에서 시료채취를 통해 증거 확보가 가능하다. 그러나 곧바로 경찰신고나 고소를 하지 않는 경우 샤워를 하거나 옷을 세탁하는 과정에서 증거가 없어지는 경우도 있다. 따라서 당시 속옷 등은 습하지 않은 종이봉투에 보관한다.

둘째, 강제력에 대한 증거 모으기

강간이나 강제추행은 폭행, 협박 등 강제력의 수단을 통해 성관계나 추행을 한 경우 성립된다. 폭행을 당해서 약간이라도 멍이 들었다면 병원에서 치료를 받거나 진단서를 발급할 수 있다. 병원에 가지 않더라도 상처를 찍은 사진 정도는 남겨두는 것이 바람직하다. 문자나 메신저 등을 통해 협박을 당했다면 그 자료도 보관해둘 수 있을 것이다. 한편 이런 증거들이 없다면 나중에라도 가해자와의 대화를 통해 강제력을 사용하였음을 인정하는 내용을 녹음해둔다.

셋째, 범행 당시 피해자의 상태에 대한 증거 모으기

준강간, 준강제추행은 가해자가 피해자의 심신상실 또는 항거불능의 상태를 이용하여 성관계나 추행하는 경우 성립된다. 심신상실이란 사물을 변별하거나 의사를 결정할 능력이 없거나 미약한 상태를 말한다. 말이 좀 어려운데, 쉽게 보면 술에 만취하여 제대로 판단할 수 없는 상태, 깊이 잠에 든 상태 등이 대표적이다. 항거불능의 상태란 심신상실 외에 저항할 수 없는 상태를 말한다. 양자의 구분이 중요한 것은 아니다. 다만 의도적으로 약물을 투여하거나 폭행, 협박을 통해 심신상실 또는 항거불능상태를 만들어 성관계 또는 추행한 경우 준강간, 준강제추행이 아니라 강간, 강제추행죄가 성립한다.

: 관련규정 :

형법 제299조(준강간, 준강제추행) 사람의 심신상실 또는 항거불능의 상태를 이용하여 간음 또는 추행을 한 자는 제297조, 제297조의2 및 제298조의 예에 의한다. 〈개정 2012. 12. 18.〉

넷째, 상해가 발생한 경우(소위 치상죄 문제)

(준)강간, (준)유사강간이나 (준)강제추행을 당하는 과정에서 상처를 입게 되는 경우가 있다. 예를 들자면, 폭행이나 성행위 과정에서 다친 경우나 강간이나 강제추행을 피하기 위해 도망가다가 넘어져 다친 경우가 있다. 이런 경우 강간이나 강제추행보다 가중처벌을 할 수 있도록 규정했는데 각각 (준)강간치상, (준)유사강간치상, (준)강제추행치상죄가 된다.

강간이나 강제추행, 즉 치상죄를 적용시킬 수 있는 피해를 입었다면 설령 신고나 고소는 늦추더라도 병원에 가서 진단이나 치료를 받는 것이 바람직하다. 뒤늦게 병원을 갈 경우 추정적인 진단만 받을 수 있고, 추후 경찰신고나 고소를 하더라도 가해자를 강간(강제추행)치상죄로 중하게 처벌시키기가 어려울 수 있다.

또한 신체적인 상처가 없더라도 정신적인 고통이 심하다면 병원진료를 받아보는 것이 필요하다. 경찰신고나 고소를 떠나서 전문적인 상담과 정신적인 치료가 본인에게 더욱 절실할 수 있기 때문이다.

참고로, 병원에 방문하여 진료를 받으면 의료진은 환자인 피해자로부터 어떻게 다치게 되었으며 어떤 증상을 호소하는지 진료기록부 등에 기재하여 둔다. 이러한 진료기록부는 가해자가 수사나 재판에서 치상죄를 다툴 경우 증거로 활용되므로 병원 진료상담시 사실 그대로 이야기하자.

어떤 게 치상죄가 될까?

치상죄는 예전부터 중요하게 다루어졌다. 성범죄가 친고죄이던 시절에도 만일 치상죄가 적용되면 설령 피해자가 고소를 취소하더라도 처벌 자체를 피할 수는 없었기 때문이다. 게다가 상해가 경미하더라도 치상죄가 되면 처벌수위가 훨씬 높아진다(가령 강간죄는 3년 이상의 징역인데, 강간치상이 되면 무기 또는 5년 이상의 징역에 해당함.). 그래서 판례에 따르면 강간이나 강제추행의 치상죄에서는 상해를 엄격히 해석해 왔다.

첫째, 경미한 상해는 치상죄에 해당하지 않는다

상해진단서상 치료기간이 1~2주 정도에 불과하고, 별도의 치료나 약물처방 없이도 자연치료가 가능하다면 치상죄에 해당되지 않는다.

둘째, 정신과적 질환도 치상에 해당할 수 있다

강간이나 추행을 당하더라도 곧바로 정신과적 질환이 발생하진 않는다. 그러나 강간이나 추행을 당한 후 상당기간 정신적 고통에 시달리고 장기간 치료를 해야 할 정도라면 객관적으로 정신과적 질환이 확인된다는 조건 아래 예외적으로 치상죄에 해당될 수 있다.

셋째, 전부터 치료가 필요한 정신과적 질환인가 아닌가?

성범죄 피해를 당한다고 모두 정신과적 치료가 필요한 것은 아니다. 기존 우울증과 같은 기왕증이 주요원인인 경우도 있고, 다른 성희롱이나 성범죄 피해에서 비롯된 것일 수도 있다. 이 경우, 재판관은 나중의 성범죄를 치상죄로 인정할까, 하지 않을까?

박원순 시장으로부터 장기간에 걸쳐 성희롱 등 성추행 피해를 당한 피해자가 또 다시 동료직원으로부터 준강간 피해를 입고 외상후스트레스장애(PTDS)가 발생하여 준강간치상으로 기소된 사건이 있었다. 당시 가해자인 동료직원은 피해자의 정신과적 질환이 박 전 시장의 성추행으로 인해 발생한 것이라고 주장했으나, 1심 재판부는 박 전 시장의 성추행으로 정신적 고통을 받은 것은 맞지만 정신과 치료를 받게 된 직접적인 원인은 동료직원의 성폭행 때문이라고 보아 준강간치상을 유죄로 판단했다.

피해자에 대한 정신과 진료기록상 외상후스트레스장애의 주요원인이 가해자인 동료직원의 범행으로 인한 것임이 충분히 드러났을 것으로 보이며, 박 전 시장의 추행보다는 가해자의 준강간이 훨씬 직접적이고 큰 성폭력 피해임을 감안한 것으로 추측된다.

다섯째, 사진이나 영상자료의 확보

술에 만취하여 눈을 떠보니 모텔이다. 내가 왜 여기 있는지 영문을 모르겠으나 성범죄(준강간) 피해를 당한 것 같다고 생각되면 해당 모텔의 CCTV 영상기록을 확보하는 것이 필요하다. 곧바로 경찰신고나 고소를 한 경우라면 경찰이 해당 영상을 확보할 것이다. 하지만 며칠 고민을 하는 상황이라면 CCTV 영상기록이 지워지거나 보존되지 않을 가능성이 크다.

일단 모텔 측에 이야기하여 해당 영상을 확보하거나 확보하기 어렵다면 해당 일자 부분을 지우지 말고 보존해달라고 요청해놓을 필요가 있다. 경찰신고가 되지 않은 사건에서 개인정보 등을 이유로 CCTV 영상을 보여주지 않는 경우가 있는데 지워지지 않도록 요청해놓을 필요는 있다(CCTV 영상은 실시간으로 촬영영상을 보관하는 것이므로 저장매체의 용량에 따라 보존기간이 제한적일 수밖에 없고 최근 영상기록이 과거 영상기록에 덮어씌워지며 보관이 되므로 과거 영상을 복원하기도 힘들 수 있다. 다만 최근에 설치된 CCTV 기기는 동작감지기능이 있어 움직임이 있을 때에만 CCTV를 작동시켜서 촬영하기 때문에 보존기간이 길 수도 있다.).

이밖에 불법촬영 사건의 경우에도 사진이나 영상을 미리 확보해놓을 필요가 있다. 촬영 여부가 쟁점이 될 경우 증거가 없다면 가해자를 처벌하기 힘들기 때문이다. 불법촬영 사진이나 영상을 직접 확보하기 어렵다면 해당 사진이나 영상을 재생시켜 자신의 휴대폰으로 촬영하는 방법이 있다. 이마저도 힘들다면 어떤 사진과 영상이 있었는지, 어느 각도에서 어떤 신체부위를 촬영한 것인지 명확히 기억해놓을 필요도 있다. 촬영 여부는 피해자의 진술로도 입증될 수 있는데, 단순히 촬영한 것 같다는 진술은 유죄입증에 있어 곤란하고 촬영된 영상이나 사진을 보았으며 어떤 구도로 어떤 신체부위를 촬영한 내용이었다는 것까지 진술할 수 있어야 한다.

4

경찰에 가서 말하기 전에 알아야 할 것들

- 피해자 진술의 준비 -

이상에서 말한 증거들을 모두 잘 확보해놓았다면 다행이지만, 갑자기 성폭력 피해를 당한 상태에서 위와 같은 증거들을 모두 확보하기란 쉽지 않은 일이다. 어쩌면 너무 당연한 일이니 너무 실망하지 말자. 대신 피해자에게는 무엇보다 가장 중요한 증거가 있다. 바로 피해자 본인의 피해 진술이다. 실전 준비 과정은 뒤에서 다루고, 지금은 형사고소 전 무엇을 준비해야 하는지 살펴보자.

첫째, 성범죄에서 피해자 진술의 신빙성이 중요한 이유

모든 범죄가 마찬가지겠지만 특히 성범죄의 경우에 피해자 진술이 중요한 이유는 무엇일까? 성범죄의 특성상 가해자와 피해자 단 둘만 있는 상황에서 사건이 벌어지는 일이 많다 보니 직접적인 증거가 없는 경우가 대부분이다. 그래서 피해자 진술의 중요도가 높아진다. 물론 피해자가 하는 모든 진술을 다 받아들인다는 뜻은 아니다. 실제로 가해자와 피해자의 말이 서로 엇갈릴 수 있고, 수사기관이나 법원은 누구의 말이 맞는지 판단을 해야 한다.

그런 이유로, 피해자의 말(진술)만으로 가해자를 처벌하려면 피해자의 진술이 신빙성이 높아야 한다. 특히 신고/고소가 늦어진 경우라면 더욱 피해자 진술의 신빙성이 더욱 높아야 한다.

둘째, 가해자와의 기억력 싸움

진술의 신빙성을 높이려면 당시 상황을 잘 기억하고 있어야 한다. 그런데 준강간이나 준강제추행처럼 술에 만취하여 기억이 없는 상태에서 성범죄 피해를 당한 경우라면 당시 상황을 정확히 기억할 수 없다. 오히려 정확히 기억하는 것 자체가 이상하다. 이런 경우에는 사건 이후 확인된 사항을 바탕으로 사건을 재구성하여 보는 것도 필요하다.

기억이란 것이 시간이 지남에 따라 희미해지는 것은 당연하다. 그러나 시간이 지난 후에도 다시 되새겨보거나 생각하며 기억해 보려고 하면 일부분에서는 다시 또렷해질 수도 있다. 아래와 같은 방식으로 알게 된 것을 구분하여 사건을 재구성하자.

① 사건 당시 인식과 기억

사건 당시의 인식과 기억을 말한다. 이 부분은 당시 피해자가 보고 듣고 경험하고 기억한 내용이니 제한적일 수밖에 없다. 가령 술을 마신 것까진 기억이 나는데 눈을 떠 보니 모텔이었고 옷을 모두 벗은 상태였으며, 옆에 지인인 가해자가 있었다면 준강간 피해를 당한 것인지 가해자와 동의하에 모텔에 와서 성관계를 한 것인지 불분명할 수 있다.

사건 당시 인식과 기억을 따로 기억해야 하는 이유는, 당시 인식과 기억을 바탕으로 가해자에게 반응했을 것이기 때문이다. 영문도 모른 채 가해자에게 왜 허락 없이 성관계를 했느냐고 따지기는 힘들 것이고, 곧바로 준강간에 항의하지 않은 이유에 관해 설득력을 가질 수 있을 것이다.

② 사건 이후 알게 된 여러 사정들

술자리에 합석했던 다른 사람들로부터 들은 이야기나 나중에 기억을 되새겨보아 알게 된 사실 혹은 모텔 CCTV 영상 등을 바탕으로 피해자가 술에 만취하여 의사결정을 할 수 없는 상태를 이용하여 성관계한 사실을 알게 될 수 있다. 언제 어떻게 이런 사실을 알게 되었는지도 중요하다. 왜냐하면 이때부터 구체적으로 성범죄 피해를 당했다는 인식을 할 수 있을 것이며 그에 따라 행동할 것이기 때문이다.

③ 종합적으로 구성한 사실관계

①과 ②를 종합하면 가해자가 거짓말하고 있는 부분이 뭔지, 어떻게

성범죄 피해를 당하게 되었는지 명확해질 수 있다.

셋째, 메모나 자필로 사건 과정을 적어보기

머릿속으로 기억하거나 말로 해보면 그럴듯한 이야기도 막상 형사고소 후 피해자 진술을 해보면 앞뒤가 맞지 않는 경우가 있다. 사건을 피해자 입장에서만 생각했기 때문이다. 사건으로부터 한 걸음 떨어질 필요가 있는데 메모 등의 글을 적다 보면 도움이 된다. 글로 옮겨 적은 뒤 어떤 부분이 상식적으로 말이 되지 않는지 어떤 부분이 모순인지 파악할 수 있고, 스스로 설명해볼 수도 있다. 특히 수사나 재판은 진술 그 자체가 아닌 진술을 기재한 조서나 증언을 기록한 증인신문조서 등과 같이 글로 적힌 문서를 바탕으로 혐의유무 및 유무죄를 판단하므로 글로 적어보고 상식적으로 어떻게 판단될지 가늠해본다.

넷째, 성범죄 피해자 진술의 신빙성을 높이는 방법

진술의 신빙성이라는 말이 무엇일까? 사전적 의미로 신빙성이란 믿어서 근거나 증거로 삼을 수 있는 정도나 성질을 말한다. 예를 들면 이렇다. 강간피해를 당했다면서 가해자가 어떤 행동을 하여 성관계를 했는지 전혀 설명하지 못하고 단순히 '강제로 당했다'라고만 진술한다면 그 말을 믿을 수 있을까? 또한 2~3차례 경찰조사를 하였는데 그

때마다 진술내용이 달라진다면 그 말을 믿을 수 있을까? 앞의 내용은 '진술의 구체성'을 말하고, 뒤의 내용은 '진술의 일관성'을 말한다. 즉 진술은 구체적이어야 하고, 일관되어야 한다.

"그럼, 성범죄 피해자가 어떻게 진술해야 할까?"라고 물으면 당연히 "사실 그대로 이야기한다."가 정답이다. 하지만 "어떻게 진술해야 효과적일까?"라고 질문을 바꿔 보면 답이 달라진다. 본래도 사실이지만 더욱 사실처럼 보이게 진술하는 게 핵심이라는 얘기다. 신과 당사자가 아닌 이상 재판관은 실제로 어떤 일이 있었는지는 알 수 없는 법이고, 단지 "보이는 사실"에 의해 판단할 수밖에 없다. 이런 이유로, 재판관이 지금껏 피해자 진술의 신빙성을 어떤 식으로 판단했는지 고려하여 진술하는 것이 최선일 수밖에 없다. 다음은 판례에 등장하는 진술의 신빙성을 높은 경우들이다.

① 진술의 구체성

정말 성범죄 피해를 당했다면 피해자만이 경험하고 기억하는 부분이 있을 수밖에 없다. 실제로 경험한 사람과, 경험을 전해 듣거나 혹은 사실을 꾸며내는 사람은 상황이나 묘사에서 구체성이 차이가 난다. 경험한 사람은 오감을 통해 많은 정보를 접하게 되지만 전해 들은 사람은 고작 '말' 몇 마디가 전부다. 사실을 꾸미는 사람도 상상력이나 추측에 의존하여 묘사할 수밖에 없기 때문에 구체성이 떨어진다.

② 진술의 일관성

거짓말하는 사람은 매번 말이 달라진다. 물론 사전에 완벽히 계획했다면 거짓말도 일관성을 가질 수 있다. 사실 완벽한 거짓말과 진실한 말은 일관성 차원에서 구분이 안 된다. 일관성은 모든 말이 다 전과 똑같아야 한다는 뜻은 아니다. 세부적인 부분은 질문의 뉘앙스나 기억의 정도에 따라 다를 수 있고 오히려 이것이 자연스러운 것이다. 다만 전체적인 취지에서 진술이 일관되어야 한다.

③ 진술의 객관성 및 합리성

진술 내용이 객관적이고 상식적으로 납득될 수 있어야 한다. 이때의 '객관'과 '상식'은 일반인의 눈높이에서 본 것을 말한다. 가령 '모텔에서 강간을 당했는데 창피해서 티 내지 않으려고 손을 잡고 모텔에서 나왔다.'라는 진술은 누가 들어도 이상하다. 만일 이게 사실이라면 왜 손을 잡을 수밖에 없었는지 당시 상황을 충분히 설명할 수 있어야 한다. 가령 모텔을 나올 시점까지는 술에서 완전히 깨지 못해 가해자가 준강간을 한 것인지 불분명하고, 또한 평소 가해자와의 친밀감 등을 고려할 때 손을 잡은 것일 뿐이라고 한다면 충분히 납득될 수도 있다.

④ 자신에게 불리한 진술 포함 여부

사실 그대로 진술하는 사람은 설령 자신에게 불리한 부분도 있더라도 그대로 진술한다. 따라서 재판관이 보기에, 피해자가 스스로에게 불리할 수 있는 부분까지 가감 없이 진술했다면 전체적으로 진술의 신빙성이 높다고 판단한다. 예를 들어 '가해자가 협박하고 때렸는지'를 묻는 질문에 '때리려는 의도는 아니었던 것 같다.'는 취지로 가해자를 일부 옹호하여 진술하는 경우 전체적으로 신빙성이 높다고 볼 수 있다.

⑤ 허위진술로 인한 이익 가능성 여부

기본적으로 성범죄 피해자 진술은 가해자의 진술에 비해 신빙성이 높다고 본다. 그 이유는 성범죄 피해자가 허위로 고소를 하면 무고죄로 처벌될 수 있기 때문이다. 그런데 불륜을 들켜서 그 시점에 강간을 당한 것이라고 진술한 경우라면 불륜을 감추기 위한 의도가 있다고 볼 수도 있다. 이러한 경우 진술의 신빙성이 깨질 수 있다.

거짓말탐지기가 증거로 쓰인 적이 없다

성범죄 특성상 피해자와 가해자의 진술 외에 다른 증거가 없는 경우가 많다. 그래서 거짓말탐지기가 쓰이기도 하는데 문제가 있다. 당사자의 동의 없이는 조사가 어렵고, 실무상 거짓말탐지기 결과로 유죄를 내리는 경우도 없다. 경우에 따라 거짓말탐지기 조사 자체가 아예 불가능한 경우도 있다. 가령, 피해자나 가해자 모두 술에 만취한 상태였던 경우 기억나지 않는 부분에 대해 거짓말 탐지 자체를 할 수 없다. 또한 외국인의 경우 한국어를 제대로 이해한다고 전제할 수 없으므로 거짓말탐지기 조사를 진행하기 어렵다.

대법원 판례에 의하면, 아래처럼 3가지 조건이 충족될 경우 거짓말탐지기 검사결과를 증거로 쓸 수 있다는데 문제는 현재까지 이 3가지 조건을 충족시킨 적이 단 한 번도 없었다.

거짓말탐지기의 검사 결과에 대하여 사실적 관련성을 가진 증거로서 증거능력을 인정할 수 있으려면, 첫째로 거짓말을 하면 반드시 일정한 심리상태의 변동이 일어나고, 둘째로 그 심리상태의 변동은 반드시 일정한 생리적 반응을 일으키며, 셋째로 그 생리적 반응에 의하여 피검사자의 말이 거짓인지 아닌지가 정확히 판정될 수 있다는 세 가지 전제요건이 충족되어야 할 것이며, 특히 마지막 생리적 반응에 대한 거짓 여부 판정은 1) 거짓말탐지기가 검사에 동의한 피검사자의 생리적 반응을 정확히 측정할 수 있는 장치이어야 하고, 2) 질문사항의 작성과 검사의 기술 및 방법이 합리적이어야 하며, 3) 검사자가 탐지기의 측정내용을 객관성 있고 정확하게 판독할 능력을 갖춘 경우라야만 그 정확성을 확보할 수 있는 것이므로, 이상과 같은 여러 가지 요건이 충족되지 않는 한 거짓말탐지기 검사 결과에 대하여 형사소송법상 증거능력을 부여할 수는 없다(대법원 2005. 5. 26. 선고 판결).

다만, 수사과정에서 거짓말탐지기 조사를 할 것인지 말 것인지 동의여부를 묻는 경우가 있다. 형사재판에서 증거로 쓸 수도 없는데도 거짓말탐지기를 요청하는 이유는 뭘까? 가해자와 피해자의 진술이 완전히 엇갈려 누구 말이 진실인지 판단 자체가 어려운 경우가 있다. 이럴 때 수사기관에서는 수사방향을 잡으려고 거짓말탐지기 조사 여부를 타진한다. 너무나도 당연한 사실을 가해자가 부인하는 경우라면 피해자 입장에서는 거짓말탐지기 조사에 응하는 것도 충분히 고려해볼 수 있다고 생각된다.

4
장

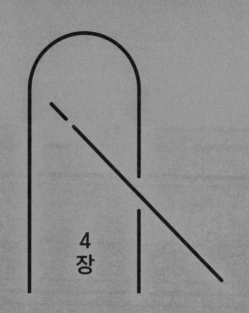

신고/고소 전 대응 전략

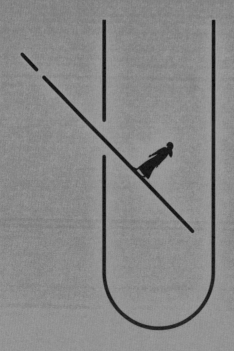

– 합의를 중심으로 –

●

성범죄 피해를 당한 직후 바로 신고/고소를 했다면 4장은 건너뛰어도 될 것 같다. 하지만 설령 신고/고소를 진행한 경우라도 일부 대응전략은 여전히 필요하고 유효할 수 있다.

●

1

경찰신고나 고소가 '피해자의 의무'인가?

2013년 6월 19일부로 성범죄에 대한 친고죄가 전면 폐지되었다. 이건 어떤 의미가 있는 걸까? 피해자의 신고나 고소가 없어도 가해자에 대한 수사와 처벌이 가능하다는 얘기다. 신고나 고소 후 가해자와 원만히 합의를 하더라도 피해자로서는 수사와 처벌을 막을 수 없다. 또한 신고/고소를 한 이후에는 수사기관에서 수사를 위한 출석 요구에 응해야 하며, 재판에서도 증인으로 출석해야 할 의무가 있다.

즉 신고/고소 후에는 사건을 되돌릴 수 없으며 동시에 수사와 재판 도중 피해자에게 부과되는 각종 의무를 부담해야 한다. 물론 성범죄 피해자에 대한 각종 배려규정이 있어 수사나 재판에 응해야 할 의무나 부담을 일부 덜어주기도 하지만 기본적인 수사 및 재판상 증인 출석 의무는 여전히 있다.

그러나 이런 의무는 신고/고소 후에 발생하는 것이고, 신고/고소 자체도 의무인 건 아니다. 실제 성범죄를 당하고도 신고나 고소를 하지 않는 비율이 다른 범죄에 비해 훨씬 높기도 하다. 이 말은 하지 말라는 뜻이 아니다. 특히 공익적 관점에서 보자면 성범죄 근절을 위해 신고/고소는 권장되어야 한다. 다만, 신고/고소를 하지 않더라도 나중에 무슨 문제가 생기는 건 아니라는 뜻이다.

그러면 이런 상황은 어떨까? 제3자가 피해 사실을 알게 되어 신고/고발을 한 경우 말이다. 어떻게 될까? 친고죄가 폐지되었으니 경찰에 사건이 접수되면 수사를 피할 수 없을 것처럼 보인다. 그런데 여기에 참고할 만한 사례가 있다. 정의당 대표의 같은 당 소속 국회의원에 대한 성추행 사건이다.

2021년 1월, 정의당 대표(김종철)가 소속 여성 국회의원(장혜영)을 추행한 사건이 발생했고, 해당 피해자는 가해자로부터 성추행 혐의에 대한 인정과 진심어린 사과를 받고 형사고소 등 사법조치 없이 소속 당의 징계절차를 통해 가해자를 징계하는 것으로 마무리하기로 했다.

이런 사후 대응이 논란을 불렀다. 젠더폭력 근절을 어느 정당보다 강하게 외쳤던 진보정당에서 당대표의 성추행 소식도 충격이었지만, 피해자가 형사고소 없이 당내 징계절차만 밟기로 했다는 점에 사람들은 고개를 갸웃했다.

당시 해당 의원은 페이스북에 밝힌 입장문에서 "피해자다움이나 가해자다움도 없다는 점", "일상으로의 복귀"라는 말을 하며, 피해회복에 있어서도 피해자다움은 존재하지 않는다고 말했다.

이후 일부 시민단체에서는 피해자 아닌 제3자의 입장에서 가해자에 대한 형사고발을 했는데(피해 당사자가 하면 '고소', 제3자가 하면 '고발') 이에 대해 해당 의원은 자신의 의사에 반한 조치라고 밝히며 "사법체계를 통한 고소를 진행하지 않기로 결정한 것은 가해자를 위한 것이 아니라 저 자신을 위한 선택"이었으며 "제가 왜 원치도 않은 제3자의 고발을 통해 다시금 피해를 지난하게 상기하고 설명하고 그 과정에 필연적으로 수반될 2차 가해를 감당해야 합니까?"라고 되물으며, "성범죄가 친고죄에서 비친고죄로 개정된 취지는 피해자의 의사를 존중하고 권리를 확장하자는 것이지 피해자의 의사를 무시하라는 것이 아니며, 사법처리를 마치 피해자의 의무인 것처럼 호도하는 것은 또 다른 피해자다움의 강요일 뿐"이라고 밝혔다.

성범죄 피해자는 당연히 신고나 고소를 해야 한다는 의무가 아니란 점을 충분히 인식하고 가해자로부터 혐의를 인정받고, 진정어린 사과도 받은 이후 피해자 스스로 선택한 일상으로의 복귀 방법을 선택했다.

그래도 고발을 했으니 사건은 접수될 수 있다. 그러나 피해 의원이 피해 진술에 응하지 않으면 현실적으로 가해자에 대한 수사 진행은 어려울 수 있다.

만일 이 사건처럼 피해자가 원하는 목적이 '가해자의 형사처벌'이 아니라 '진정어린 사과'처럼 다른 것이라면 그때는 어떻게 해야 할까? 이게 여기서 이야기하려는 것이다.

2

신고나 고소를 하지 않더라도 요구하거나 달성할 수 있는 목표들

신고/고소의 목적은 가해자의 혐의 유무를 밝혀 처벌 여부를 확인하는 데 있다. 쉽게 말해 가해자를 형사처벌시키는 것이 주된 목적이다. 그러나 성범죄 피해자 입장에서는 피해 회복을 위해 다음처럼 원하는 것들이 있기 마련이다.

① 가해자의 진정어린 사과(공개사과)

② 피해배상(합의금)

③ 그 외 피해회복조치

④ 가해자의 퇴사 및 징계

⑤ 비밀 준수

⑥ 불법촬영 등 저장매체에 대한 폐기 처리

위와 같은 사항들은 성범죄 가해자가 응할 의무가 있는지는 별개로 하더라도 성범죄 피해자로서 가해자에게 정당하게 요구할 수 있는 내용이다. 또한 경찰신고나 고소를 하지 않더라도 당사자끼리 합의안을 만들 수 있다.

아래 합의서는 필자가 실제 가해자를 대리하여 피해자와 만나 작성한 합의서다. 공공기관 부설 헬스장에 트레이너로 근무하는 가해자가 헬스장 여성회원이 여자탈의실에서 옷을 갈아입는 모습을 커튼 사이로 촬영하려고 시도하던 중 피해자로부터 적발된 사건이었다.

가해자는 불법촬영 범죄혐의를 모두 시인하고 피해합의금을 지급하길 희망했고, 무엇보다 이 사건으로 인해 직장을 잃을까 걱정되었다. 피해자 역시 불법촬영 여부가 불분명했으며, 설사 촬영이 되었다고 하더라도 그 수위가 높기 어려웠을 것으로 보이기에 경찰에 곧바로 신고를 하기보단 가해자로부터 범행을 인정받고 피해배상을 받으며 혹여나 불법촬영물의 유포방지에 대한 담보를 희망했다.

이에 필자는 위에서 언급한 바와 같이 피해자가 희망하는 ④를 제외한 ① 내지 ⑥을 포함한 합의서를 작성하여 피해자와 원만히 합의 절차를 진행했다. 특히 아래 합의서 4 내지 6항에서는 혹시라도 발생할 수 있는 피해자의 인적사항 및 불법촬영물의 유포에 대해 구체적인 피해방지 담보와 가해자 가족의 연대보증까지도 담겨 있다.

: 필자가 진행했던 헬스장 여자탈의실 불법촬영 사건의 실제 합의서 :

합 의 서

가해자 [redacted]은 피해자 [redacted]와 2012. [redacted] 시 [redacted] 헬스장에서 발생한 카메라등이용촬영죄 사건에 관하여 아래와 같이 합의하며, 합의사항에 대하여 성실히 이행할 것을 확약합니다.

아 래

1. 가해자는 피해자에 대한 범죄사실을 인정한다.

2. 가해자는 피해자에게 형사합의금을 지급한다.

3. 본 합의시 현재 가해자는 인터넷 웹하드 서비스에 가입한 바가 없으며, 피해 동영상이 인터넷 웹하드로 유출시 그로인한 책임을 부담한다(별첨 확인서 참조).

4. 또한 가해자는 이 사건 발생당시 소지하고 있던 본인의 핸드폰, 컴퓨터의 하드디스크를 피해자의 확인 하에 파기한다. (스트레스 부분은 [redacted]에게 [illegible] [illegible] [illegible] [illegible] [illegible] 사건들은 [illegible] 본인 [illegible] [illegible])

5. 가해자는 이 사건의 내용 및 동영상 파일, 피해자 인적사항(주민등록번호, 주소)을 타인에게 발설하거나 유포하지 아니한다. 현재 본 사건의 내용을 알고 있는 자는 [redacted]인 바, 추후 그 이외의 제3자가 본 사건의 내용을 알게 되거나 동영상 파일을 소지 또는 열람할 경우 이는 가해자가 발설 및 유포한 것으로 하고, 이러한 경우 피해자는 가해자를 상대로 하여 민·형사상 청구를 할 수 있다.

6. 위 2항 내지 5항의 이행을 보충하기 위하여 가해자의 가족 중 [redacted]가 가해자

의 책임을 연대키로 하며 이를 확인하기 위하여 서명날인한다.

2012. [redacted]

가 해 자 성 명 : [redacted]
주민번호 :
주 소 :

연대보증인 성 명 : [redacted]
주민번호 :
주 소 :

위 가해자 및 연대보증인의 대리인 변호사 박원경

피 해 자 성 명 : [redacted]
주민번호 :
주 소 :

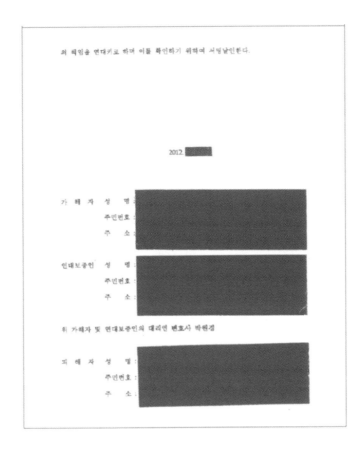

협상 내지 합의안을 요구할 때 유의할 사항

당연히 성범죄가 성립된다는 전제에서 협상 내지 합의안 요구가 가능하다. 그런데 협상 내지 합의안 요구가 결렬된 이후 경찰신고나 고소를 통해 수사하거나 재판을 해보니 무혐의, 무죄판결이 나온 경우 어떻게 될까?

결론적으로 범죄도 아닌데 가해자를 상대로 의무 없는 일을 요구한 격이 된다. 이는 형사상 협박이나 강요죄, 공갈죄에 해당할 수도 있다.

관련 규정(형법)

제283조(협박, 존속협박) ① 사람을 협박한 자는 3년 이하의 징역, 500만원 이하의 벌금, 구류 또는 과료에 처한다. 〈개정 1995. 12. 29.〉

제324조(강요) ① 폭행 또는 협박으로 사람의 권리행사를 방해하거나 의무없는 일을 하게 한 자는 5년 이하의 징역 또는 3천만원 이하의 벌금에 처한다. 〈개정 1995. 12. 29., 2016. 1. 6.〉

제350조(공갈) ① 사람을 공갈하여 재물의 교부를 받거나 재산상의 이익을 취득한 자는 10년 이하의 징역 또는 2천만원 이하의 벌금에 처한다. 〈개정 1995. 12. 29.〉

② 전항의 방법으로 제삼자로 하여금 재물의 교부를 받게 하거나 재산상의 이익을 취득하게 한 때에도 전항의 형과 같다.

물론 무혐의가 나온다고 다 협박, 강요, 공갈이 되는 건 아니다. 만일 협상 당시 피해자가 '이건 분명 성범죄야.'라는 인식이 명확했다면 설령 협상 결렬 후 무혐의를 받더라도 고의성을 인정하기 어려워 협박, 강요죄나 공갈죄가 성립하긴 어려울 것이다. 그럼에도 확실히 성범죄에 해당할 때 협상 내지 합의안을 요구하는 것이 바람직하다.

3

누가 협상 및 합의안을 제시할 것인가?

원하는 게 뭔지 피해자 본인만큼 잘 아는 사람은 없다. 하지만 성범죄 특성상 가해자와 직접 마주하기란 매우 껄끄러운 일. 그렇다면 피해자의 대리인을 내세워야 하는데 누가 될 수 있을까. 가장 먼저 가족이 고려될 수 있다. 다만 가까운 가족이라면 피해자와 마찬가지로 피해 감정이 얽혀 있기에 이성적인 협상이나 합의안 제시가 어려울 수 있다. 반대로 먼 가족이라면 사건과 쟁점을 정확히 파악할 수 있을지 의문이고 신뢰할 수 있을지도 의문스럽다. 가까운 친구의 경우에도 책임감을 갖고 발 벗고 나서줄 수 있을지 애매하긴 하다.

필자가 변호사라서가 아니라 피해자의 대리인으로는 변호사가 가장 무난하다. 가해자 입장에서도 피해자가 변호사까지 선임하여 대응에 나선다면 압박감이 커질 수도 있다. 무엇보다 나중에 형사고소를 통해 수사나 재판으로 넘어갔을 때 피해자나 그 주변인들이 가해자와 협상하고 합의하려 했던 정황은 그 자체로 가해자에게 유리한 증거로 활용될 가능성이 있는데, 변호사가 협상이나 합의절차를 진행했다면 피해자를 대리한 것이긴 하지만 피해자 본인의 진술은 아니기 때문에 그와 같은 가능성을 차단할 수 있는 장점이 있는 것이 사실이다.

변호사를 선임하는 데 비용이 부담스럽다면 국선변호사의 도움을 받을 수 있다. 국선변호사는 포괄적인 대리권한이 있으므로 협상대리를 할 수 있다. 다만 국선변호사의 도움을 받으려면 먼저 신고/고소가 이루어져야 하는 게 걸림돌이 될 수 있다.

만일 1) 신고/고소 전에 2) 변호사의 도움을 받아야 하는데 3) 비용 문제로 고민스럽나면 이런 방법이 가능하다. 경찰신고나 고소 전 협상 진행단계만 선임하여 진행하고, 실제 신고나 고소를 하게 되면 별도로 선임계약을 하는 방식이다. 필자도 종종 그렇게 사건을 분리해서 한다. 이렇게 하면 일부라도 변호비용을 절약할 수 있다.

4

합의안을 제시하는 방법

협상 내지 합의안을 제시한다는 말은, 협상이 결렬되면 언제든지 신고/고소를 할 수 있다는 얘기다. 그런데 그 과정 자체가 피해자에게 불리한 증거로 활용될 여지가 있으므로 주의가 필요하다. 어떻게 해야 할까?

첫째, 가급적 공식적인 루트를 통해 요구하는 것이 필요하다.

둘째, 요구과정이나 요구사항에 대해 논란이 되지 않도록 내용증명이나 이메일과 같이 추후 번복되기 어려운 방식으로 요구하는 것이 필요하다. 단, 거주지든 직장이든 주소를 알아야 하는데 만일 모르면 부득이 휴대전화 문자메시지를 통해 전송할 수밖에 없겠다.

내용은 어떻게 쓸까? 가령, '가해자의 범행으로 인해 어떤 피해를 입게 되었는데, 형사고소를 할 예정이다. 만일 형사고소를 원하지 않는다면 아래 요구사항을 이행하라.'라는 내용이 담기면 된다.

가해자가 성범죄를 부인하고 있을 때는 어떻게 할까? 손에 넣은 증거들을 오픈해서 '너, 이래서 성범죄 맞잖아?' 하고 상대에게 알려주어야 할까? 이건 고민이 필요하다. 우리가 가지고 있는 증거를 미리 공개해서 가해자로 하여금 방어 전략을 세울 기회를 줄 필요는 없기 때문이다. 드라마나 영화에서 괜히 운만 띄우는 게 아니다. '성범죄를 증명할 증거가 있어.' 정도로 말이다. 물론 모든 경우에 그렇게 하라는 건 아니고, 경우에 따라 대략적인 내용을 제시하여 가해자가 말을 바꾸지 못하도록 하고 요구사항을 수용하도록 하는 전략도 가능하다.

내용증명우편 보내는 방법

- 내용증명우편이란 발송인이 수취인에게 어떤 내용의 문서를 언제 발송했다는 사실을 우체국에서 공적으로 증명하는 '등기취급 우편제도'를 말한다. 국내우편만 해당된다.
- 보통 민사상 중요한 의사표시에 관해서는 수신자가 의사표시 사실 자체를 부인할 수 있으므로 내용증명 우편을 통해 보내게 된다. 단순히 의사표시를 전달한 것을 증명하기 위함이긴 하나 공식적인 입장을 전달하는 데 있어 요긴하게 활용할 수 있다.
- 내용증명우편은 그 자체로 법적 효력은 없으나(판사가 우편물의 내용을 무작정 '사실'로 믿지 않는다는 말) 분쟁의 상대방에게 공식적인 법적 해결절차에 들어갈 예정임을 알림으로써 상대방의 반응을 이끌어내는 간접적인 효과도 기대할 수 있다.

- 내용증명우편을 발송하기 위해서는 A4 용지 앞면에 발신인과 수신인의 이름을 적고 본문에 전달 요구사항을 적으며, 마지막에 발송인의 인장(또는 지장)을 날인한다(인장=도장). 내용증명우편의 내용이 2면 이상일 경우에는 간인을 한다(간인 : 두 장을 나란히 놓고, 종이가 맞닿는 곳에 도장 혹은 지장을 찍는 것. 이어진 서류임을 알리기 위해 찍는다.).
- 작성된 우편물은 총 3부를 만들어 우체국 접수창구에 제출한다. 그 중 1부는 발송우체국에서 보관하여 발송일 다음날부터 3년까지 열람 및 재증명을 청구할 수 있다.

5

합의서, 이렇게 작성한다

가해자가 형사고소를 원하지 않고, 그래서 피해자가 제시하는 협상안 내지 합의안에 응하기로 했다. 남은 문제는 합의서 작성이다. 가장 좋은 건 어느 정도 법률적 지식이 있는 사람의 도움을 받는 것이다. 없다면 다음처럼 작성해 보자.

첫째, 필수 기재 사항을 적는다.

합의서를 왜 작성할까? 합의서는 약속을 명확히 하는 문서이다. 나중에 말을 바꾸거나 합의사항을 이행하지 않을 때를 대비할 수 있어야 한다. 즉 약속사항을 명확히 적어서 논란의 소지가 없어야 하며, 가해자가 스스로 작성한 것임을 보증할 수 있어야 한다.

① 가해자가 범행을 명확히 인정하는 내용

② 가해자가 합의안에 따라 이행하여야 할 사항들

③ 가해자가 불이행시 피해자가 할 수 있는 조치들(경찰신고, 고소 등)

④ 합의안에 대한 비밀 준수 의무

둘째, 가해자의 자필서명 등이 들어가야 한다.

합의서에는 가해자가 직접 작성한 것임을 보증할 수 있는 자필서명이나 인감증명서, 혹은 최소한 신분증 사본이 첨부되어야 한다. 공증을 받을 수도 있겠으나 단순히 합의서가 가해자 및 피해자 본인이 작성한 것임을 확인하기 위한 것이라면 인감증명서나 신분증 사본만 첨부되어도 충분하다.

셋째, 합의금 기한과 담보를 적는다.

합의금은 합의서 작성과 동시에 지급받는 것이 바람직하다. 만일 그게 곤란하다면 합의금 지급을 담보할 수 있는 사항을 반드시 기재한다.

가해자가 합의서 내용을 지키지 않았다면

합의서를 작성한 이후 가해자가 합의금을 주지 않거나 기타 의무를 위반했다. 어떻게 대응할까?

① 형사고소

합의서에는 형사고소를 하지 않는다는 내용이 적혀 있을 것이다. 그러나 합의서가 이미 의무불이행으로 효력을 상실했다. 특히 가해자가 성범죄 사실을 구체적으로 인정하는 내용이 담겨 있다면 형사고소시 성범죄의 혐의입증은 큰 문제가 되지 않을 것이다. 합의서 자체가 성범죄의 가장 주요한 증거가 된다는 사실이, 가해자에게 합의서상 의무이행을 사실상 강제하는 효과가 있도록 만든다. 물론 가해자가 합의금을 지급하였으나 그 외의 의무를 위반한 이유로 형사고소를 한 경우에는 가해자가 최소한 피해변제를 한 것은 사실이므로 형사처벌 수위를 낮추는 효과는 발생할 것으로 보인다.

② 민사소송

다른 의무는 다 지켰는데 합의금만 지급하지 않았다면 해당 합의금 미지급을 이유로 〈약정금 지급청구 민사소송〉을 제기할 수 있다. 전액이 아니라 일부만 미지급한 경우라면 못 받은 금액을 한도로 똑같이 민사소송을 제기할 수 있다.

6

합의금, 어느 정도가 적정할까?

가장 궁금하면서도 가장 어려운 문제다. 많을수록 좋은 쪽과 적을수록 좋은 쪽이 부딪치기 때문이다. 서로 뜻이 맞아 합의하기로 뜻을 모았겠지만 그럼에도 적정선은 필요하다. 무리한 합의금 요구는 애초 돈이 목적으로 보일 수 있으며, 그래서 무고죄로 오해받을 소지가 될 수도 있다.

적정 액수 산정을 위해서는 1) 성범죄 피해로 인한 배상액과 2) 합의로 인한 가해자 측의 이익을 알아야 한다. 여기에 협상력도 액수 산정에 변수가 되겠다. 이를 굳이 수식화하면 대략 이렇다.

합의금 = 민사 손해배상액 + 합의로 인한 가해자 측의 형사상 이익

* 민사 손해배상액 : 민사소송시 법원에서 인정될 위자료 등 손해배상 액수

* 가해자 측의 형사상 이익 : 합의로 인해 형사사건화 되지 않을 이익(경찰신고 전 합의시), 기소유예 등 불기소처분 가능성(경찰신고 후 검찰의 처분 전 합의

시), 집행유예 등 낮은 처벌가능성(형사재판 단계), 그 외 직장 내 징계를 피할 가능성 등

* 합의로 인한 가해자 측 이익을 형사 합의금에 반영시키는 것이 적절한지 논란이 있을 수 있으나, 민사배상과 차이가 있고 형사상 합의금이라는 점에서 가능하리라 본다.

형사합의금은 최소한 민사소송을 통해 인정받을 손해배상액보다 커야 한다고 본다. 어쩌면 가해자가 민사소송을 제기하면 번거롭고 소송 비용이 발생하니까 형사합의만으로 끝내는 게 피해자에게 유리하다고 주장하며 합의금을 깎으려 할 수도 있다. 그러나 설령 민사소송을 진행해도 승소만 한다면 민사소송으로 지출한 소송비용은 패소자인 가해자가 지불하므로 저런 주장은 의미가 없다고 보면 된다.

실제 액수는 어떻게 책정할까? 일반적인 기준으로 보긴 힘들겠지만, 필자가 진행했던 사건을 기준으로 언제 합의를 했느냐에 따라 산정액을 소개하면 대략 이렇다.

〈필자가 생각하는 적정 합의금〉

	수사 전 단계	수사 단계	재판 단계
경미한 성범죄	500~1,000만 원	0~500만 원	500~1,000만 원
중한 성범죄	1,000~5,000만 원	1,000~3,000만 원	3,000~7,000만 원

* 경미한 성범죄 : 공중 밀집 장소에서의 추행(지하철 성추행 등), 단순 불법촬영으로서 그 수위가 높지 않고 촬영 횟수도 적은 경우, 통신매체 이용음란, 성적 목적 공공장소 침입행위
* 중한 성범죄 : 강제추행, 강간, 강제추행, 특수강도강간, 불법촬영유포 등
* 참고로 가해자가 수사나 재판 중 구속영장이 청구된 경우나 이미 구속이 된 경우라면 합의여부가 불구속 내지 보석절차나 항소심(2심 재판)에서 집행유예 선고로 석방될 수 있는 결정적인 사정이 되는 경우에는 합의금 액수도 올라가는 게 사실이다.

참고로 수사 전 단계에서의 합의금이 수사단계보다 높은 이유는 뭘까? 수사 전에 합의를 하면 대개 합의 조건이 '피해자가 신고나 고소를 하지 않는 것'이 되므로 가해자 입장에서는 아예 수사를 받지 않는 이익이 있기 때문이다.

5
장

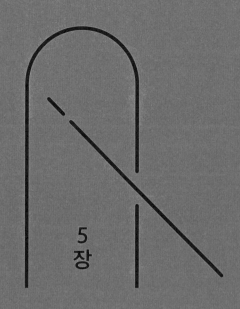

형사고소를 하기로 마음먹었다

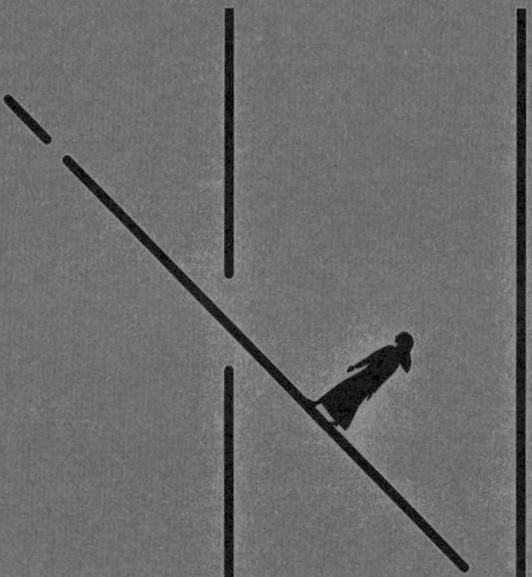

1

할 거라면 신고보다는 고소를

앞에서부터 우리는 '신고/고소'라고 병기했다. 이 둘은 무엇이 다를까? 일단 '고소'는 피해자가 수사기관에 가해자를 처벌해달라고 의사표시를 하는 걸 말한다. 반면 신고란 범죄 사실을 수사기관에 알려서 조치해달라는 의사표시를 말한다. 형사고소는 범죄 피해자만 할 수 있지만 범죄 신고는 피해자뿐 아니라 누구든지 할 수 있다는 점에서 차이가 있다.

성범죄 피해를 당한 경우 곧바로 112에 전화하여 경찰에 신고할 수도 있지만, 며칠 고민하다가 가해자에 대한 수사와 처벌을 희망하는 경우도 있다. 이 경우 형사고소장을 관할 수사기관에 제출해야 한다. 절차만 보면 고소장을 제출해야 하는 '고소'가 더욱 복잡한 것 같다. 그런데 신고를 한 경우에도 고소장에 준하는 자필고소장을 작성하는 경우도 있다. 이때의 고소장은 피해 진술을 대신한다.

이 둘의 차이는 이런 번거로움의 있고, 없고의 차이만은 아니다. 신고만 한 피해자와 고소까지 한 피해자는 권리 상에 다소 차이가 있다. 고소인만이 누릴 수 있는 절차상 권리가 있다는 얘기다. 고소인에게는 어떤 권리가 있을까?

- 검찰의 불기소처분 등 통지 및 불기소이유 고지(형사소송법 제258조부터 제259조)
- 검찰의 불기소처분시 불복하여 검찰 항고제기 권한(검찰청법 제10조)
- 검찰 항고 기각시 관할 고등법원에 재정신청 권한(형사소송법 제260조)

별도의 형사고소장을 제출하지 않아 고소인의 지위에 있지 않은 피해자는, 검찰에서 가해자를 형사재판에 넘기지 않는 불기소처분을 내렸을 때 위의 권리를 행사할 수 없다. 그러나 고소인이 되면 '나는 가해자에 대한 불기소처분을 받아들일 수 없다'고 불복하여 관할 고등검찰청에 검찰항고를 할 수 있고, 나아가 검찰항고마저 기각될 때 다시 관할 고등법원에 재정신청을 할 수 있다.

반면 고소장을 제출하지 않은 성범죄 피해자는 검사가 불기소처분을 내렸을 때 이런 권리가 없으므로 헌법재판소에 헌법소원심판청구를 하여 다투어야 한다(고소인의 경우는, 헌법소원심판청구를 하는 게 아니라 위의 과정처럼 항고하고 재정신청을 하도록 한다. 만일 고소인이 이 과정을 생략하고 헌법소원심판청구를 하면 '앞서와 같은 별도의 구제조치가 있음에도 헌법재판을 청구하였다'는 이유로 보충성의 원칙에 위반되어 각하된다.).

미묘한 차이긴 하지만 그래도 고소인이 더 나은 건 사실이다. 따라서 아직 신고밖에 안 했고, 수사절차가 진행 중이라면 간략하게라도 고소장을 작성하여 제출하는 것이 바람직하다.

검찰에서 무혐의 불기소처분을 한 경우, 어떻게 대응할까?

검찰에서 가해자의 혐의가 없다며 무혐의 불기소처분을 하면 어떻게 해야 할까? 이때 피해자가 고소인 자격이라면 검찰항고, 고등법원 재정신청을 통해 다툴 수 있다. 예를 들어 관할 고등법원이 고소인의 재정신청을 받아들이면(즉 피해자의 주장을 받아들이면) 가해자를 형사재판으로 기소하라고 검찰에 명령을 내리게 된다.

기소 명령을 받은 검찰은 어떻게 생각할까? 검찰은 이미 가해자가 무죄라고 판단했다. 그런데 법원에서는 반대로 유죄라고 판단했다. 의견이 부딪친다. 검찰이 제대로 유죄 주장을 할 수 있을까? 그래서 과거에는 별도로 변호사를 지정해서 검사의 역할을 대신하도록 했다. 하지만 다시 법이 바뀌어 현재는 검찰이 재판정에 들어가야 한다. 그래서 현실적인 문제가 생긴다. 사건을 담당한 검사가 유죄 주장에 소극적일 수 있다는 점이다. 가령 1심에서 무죄가 선고되더라도 검사가 항소를 하지 않을 수 있고, 반대로 1심에서 유죄가 선고되어도 무죄를 선고해야 한다며 항소를 하는 경우도 생길 수 있다.

피해자의 입장에서는 자신을 대변해줄 검사가 마치 가해자인 피고인 측을 옹호하는 것처럼 보일 수 있다. 그럼, 어떻게 해야 할까? 사실, 피해자 입장에서는 별로 할 게 없다. 그래도 포기하지 말고 의견서를 제출한다. 의견서에는 고등법원이 왜 재정신청을 받아들였는지, 즉 고등법원의 판단이 얼마나 타당한지 밝히는 내용을 적는다. 그런 뒤 1심 재판부에 제출한다.

2

형사고소장 작성방법 및 제출방법

형사고소장은 수사개시의 단서로서 수사의 방향을 정하는 것이기도 하다. 성범죄 피해자가 제출하는 중요한 법률서류다. 그렇기에 법률 전문가의 도움을 받아서 작성하는 것이 바람직하다. 안타깝게도 고소장 작성은 국선변호사의 도움을 기대하긴 어렵다. 왜냐하면 아직 수사가 개시된 것이 아니므로 국선변호사를 선임하지 못하기 때문이다.

형사고소장 양식은 아래와 같다. 한 차례 훑어본 뒤 작성방법을 확인하자.

고　소　장

(고소장 기재사항 중 * 표시된 항목은 반드시 기재하여야 합니다.)

1. 고소인*

성　명 (상호·대표자)			주민등록번호 (법인등록번호)	-
주　소 (주사무소 소재지)	(현 거주지)			
직　업		사무실 주소		
전　화	(휴대폰)		(자택)	(사무실)
이메일				
대리인에 의한 고소	□ 법정대리인 (성명 :　　　　　　　, 연락처　　　　　) □ 고소대리인 (성명 : 변호사　　　　, 연락처　　　　　)			

※ 고소인이 법인 또는 단체인 경우에는 상호 또는 단체명, 대표자, 법인등록번호(또는 사업자등록번호), 주된 사무소의 소재지, 전화 등 연락처를 기재해야 하며, 법인의 경우에는 법인등기부 등본이 첨부되어야 합니다.

※ 미성년자의 친권자 등 법정대리인이 고소하는 경우 및 변호사에 의한 고소대리의 경우 법정대리인 관계, 변호사 선임을 증명할 수 있는 서류를 첨부하시기 바랍니다.

2. 피고소인*

성　명			주민등록번호	-
주　소	(현 거주지)			
직　업		사무실 주소		
전　화	(휴대폰)		(자택)	(사무실)
이메일				
기타사항				

※ 기타사항에는 고소인과의 관계 및 피고소인의 인적사항과 연락처를 정확히 알 수 없을 경우 피고소인의 성별, 특징적 외모, 인상착의 등을 구체적으로 기재하시기 바랍니다.

3. 고소취지*

(죄명 및 피고소인에 대한 처벌의사 기재)

고소인은 피고소인을 ○○죄로 고소하오니 처벌하여 주시기 바랍니다.*

4. 범죄사실*

※ 범죄사실은 형법 등 처벌법규에 해당하는 사실에 대하여 일시, 장소, 범행방법, 결과 등을 구체적으로 특정하여 기재해야 하며, 고소인이 알고 있는 지식과 경험, 증거에 의해 사실로 인정되는 내용을 기재하여야 합니다.

5. 고소이유

※ 고소이유에는 피고소인의 범행 경위 및 정황, 고소를 하게 된 동기와 사유 등 범죄사실을 뒷받침하는 내용을 간략, 명료하게 기재해야 합니다.

6. 증거자료

(■ 해당란에 체크하여 주시기 바랍니다)

□ 고소인은 고소인의 진술 외에 제출할 증거가 없습니다.

□ 고소인은 고소인의 진술 외에 제출할 증거가 있습니다.

☞ **제출할 증거의 세부내역은 별지를 작성하여 첨부합니다.**

7. 관련사건의 수사 및 재판 여부*

(■ 해당란에 체크하여 주시기 바랍니다)

① 중복 고소 여부	본 고소장과 같은 내용의 고소장을 다른 검찰청 또는 경찰서에 제출하거나 제출하였던 사실이 있습니다 □ / 없습니다 □
② 관련 형사사건 수사 유무	본 고소장에 기재된 범죄사실과 관련된 사건 또는 공범에 대하여 검찰청이나 경찰서에서 수사 중에 있습니다 □ / 수사 중에 있지 않습니다 □
③ 관련 민사소송 유 무	본 고소장에 기재된 범죄사실과 관련된 사건에 대하여 법원에서 민사소송 중에 있습니다 □ / 민사소송 중에 있지 않습니다 □

기타사항

※ ①, ②항은 반드시 표시하여야 하며, 만일 본 고소내용과 동일한 사건 또는 관련 형사사건이 수사·재판 중이라면 어느 검찰청, 경찰서에서 수사 중인지, 어느 법원에서 재판 중인지 아는 범위에서 기타사항 난에 기재하여야 합니다.

8. 기타

(고소내용에 대한 진실확약)

본 고소장에 기재한 내용은 고소인이 알고 있는 지식과 경험을 바탕으로 모두 사실대로 작성하였으며, 만일 허위사실을 고소하였을 때에는 형법 제156조 무고죄로 처벌받을 것임을 서약합니다.

2021년 월 일*

고소인 ______________ (인)*

제출인 ______________ (인)

※ 고소장 제출일을 기재하여야 하며, 고소인 난에는 고소인이 직접 자필로 서명 날(무)인 해야 합니다. 또한 법정대리인이나 변호사에 의한 고소대리의 경우에는 제출인을 기재하여야 합니다.

○○지방검찰청 귀중

※ 고소장은 가까운 경찰서에 제출하셔도 되며, 경찰서 제출시에는 '○○경찰서 귀중'으로 작성하시 바랍니다.

별지 : 증거자료 세부 목록

(범죄사실 입증을 위해 제출하려는 증거에 대하여 아래 각 증거별로 해당 난을 구체적으로 작성해 주시기 바랍니다)

1. 인적증거 (목격자, 기타 참고인 등)

성 명		주민등록번호	-	
주 소	자택 : 직장 :		직업	
전 화	(휴대폰)	(자택)	(사무실)	
입증하려는 내용				

※ 참고인의 인적사항과 연락처를 정확히 알 수 없으면 참고인을 특정할 수 있도록 성별, 외모 등을 '입증하려는 내용'란에 아는 대로 기재하시기 바랍니다.

2. 증거서류 (진술서, 차용증, 각서, 금융거래내역서, 진단서 등)

순번	증거	작성자	제출 유무
1			□ 접수시 제출 □ 수사 중 제출
2			□ 접수시 제출 □ 수사 중 제출
3			□ 접수시 제출 □ 수사 중 제출
4			□ 접수시 제출 □ 수사 중 제출
5			□ 접수시 제출 □ 수사 중 제출

※ 증거란에 각 증거서류를 개별적으로 기재하고, 제출 유무란에는 고소장 접수시 제출하는지 또는 수사 중 제출할 예정인지 표시하시기 바랍니다.

3. 증거물

순번	증거	소유자	제출 유무
1			□ 접수시 제출 □ 수사 중 제출
2			□ 접수시 제출 □ 수사 중 제출
3			□ 접수시 제출 □ 수사 중 제출
4			□ 접수시 제출 □ 수사 중 제출
5			□ 접수시 제출 □ 수사 중 제출

※ 증거란에 각 증거물을 개별적으로 기재하고, 소유자란에는 고소장 제출시 누가 소유하고 있는지, 제출 유무란에는 고소장 접수시 제출하는지 또는 수사 중 제출할 예정인지 표시하시기 바랍니다.

4. 기타 증거

형사고소장 작성방법

① 인적사항(고소인과 피고소인 기재)

형사고소장에는 피해자의 이름, 주민번호, 주소 등 인적사항과 아울러 가해자의 인적사항도 적는다. 가해자의 인적사항을 모른다면 수사기관에서 누구인지 최대한 알 수 있도록 연락처 혹은 이메일 주소, 인터넷 사이트 아이디처럼 알고 있는 사항이라도 적어야 한다.

(* '고소인', '피고소인' 등 용어가 낯설 수 있다. 간략히 설명하면 이렇다. 피해자 = 고소인. 단, 미성년자와 같이 직접 고소할 수 없는 경우에는 부모 등 법정대리인이 고소권자로서 고소를 할 수 있고, 그 경우 피해자와 고소인은 다를 수 있다. 가해자 = 피고소인, 피의자, 피고인. 형사고소장에는 고소를 당한 자이므로 피고소인이라고 적는다. 가해자는 나중에 피의자, 피고인이 되는데 그건 절차상 불리는 이름이 달라지는 것이다. 경찰에서 제출된 고소장과 고소인(피해자)의 진술을 듣고 범죄혐의가 있다고 판단할 경우 입건하게 되면 가해자는 '피고소인'에서 '피의자'로 신분이 전환된다. 나중에 재판으로 넘어가면 다시 가해자는 '피의자'에서 '피고인'이 된다. 재판까지 오면 피해자가 재판에 출석하여 증언할 경우 '증인'이 된다.)

② 고소취지 및 범죄사실, 고소이유

'고소취지'는 어떠어떠한 죄로 처벌해달라는 내용을 적는다. '범죄사실'은 어떠어떠한 내용의 행위를 저질러 어떠한 성범죄에 해당한다는 내용을 적는다(어렵다면 굳이 기재하지 않아도 된다.). '고소이유'는 가해자로부터 받은 피해내용을 시간 순으로 상세히 육하원칙에 따라 적으면 된다.

여기서 가장 중요한 것은 내가 아는 사실 그대로 적어야 한다는 점이다. 단순한 과장을 넘어, 있지도 않은 사실을 적는 것은 허위고소를 한 것이므로 무고죄로 처벌될 수도 있다.

고소할 때 뭉뚱그려 '성범죄'라고 하지 않고 죄명과 범죄혐의를 구체적으로 적는 게 중요한 이유

설령 형사고소장에 기재하지 않은 죄명이나 범죄혐의라도 수사과정에서 밝혀진다면 당연히 수사를 진행하는 것이 맞다. 하지만 실무에서는 고소인이 주장하거나 고소하지도 않는 죄명과 범죄혐의에 대해 직권으로 꼼꼼히 수사해주길 기대하기 어려운 게 현실이다. 실제로 고소한 죄명이나 범죄혐의에 대해서만 수사한다고 보면 된다. 그렇기에 형사고소장을 작성할 때에는 피해자가 우선적으로 생각하는(주위적) 죄명과 범죄혐의를 적고, 만일 이 죄명, 이 범죄혐의가 성립되지 않을 경우를 대비하여 차선적으로 생각하는(예비적) 죄명과 범죄혐의를 기재한다. 예를 들어, 마사지를 빙자하여 추행했다고 가정하면 주위적 죄명과 예비적 죄명을 다음처럼 두 가지 다 기재할 수 있다.

주위적으로 : 폭행에 준하는 기습성을 통해 추행한 것이므로 형법 제298조의 강제추행죄

예비적으로 : 추행 당시 마사지로 오인하게 만든 것이므로 성폭법

상 업무상 위계에 의한 추행죄

* 형법 제298조(강제추행) 폭행 또는 협박으로 사람에 대하여 추행을 한 자는 10년 이하의 징역 또는 1천500만원 이하의 벌금에 처한다.

** 성폭력범죄의처벌등에관한특례법 제10조(업무상 위력 등에 의한 추행) ① 업무, 고용이나 그 밖의 관계로 인하여 자기의 보호, 감독을 받는 사람에 대하여 위계 또는 위력으로 추행한 사람은 3년 이하의 징역 또는 1천500만원 이하의 벌금에 처한다.

③ 증거자료

위와 같은 피해내용에 대해 입증할 수 있는 관련 자료가 있다면 첨부할 수 있으며, 나중에 고소인 조사를 할 때 제출할 수도 있다.

④ 작성일자와 작성자, 제출처

마지막으로 작성일자와 작성자 이름 및 서명을 적는다. 그리고 제출할 곳으로 ㅇㅇ경찰서라고 적는다.

고소장을 무조건 상세히 작성하는 게 유리할까?

형사고소장을 접수시키고 고소인(피해자) 조사를 한 이후 경찰에서는 피의자(가해자)에게 개략적인 고소 사실을 알려주고 피의자신문 조사를 받으라고 통지한다. 이 경우 피의자(가해자)는 피해자가 제출한 형사고소장을 정보공개청구 절차를 통해 열람하고, 복사할 수 있다. 물론 경찰에서는 피의자에게 고소인(피해자)의 인적 사항이나 개인정보 및 첨부서류 등은 가린 채 정보공개를 해주지만, 피의자는 고소시점 및 고소내용에 대해 모두 파악하고 피의자 조사에 임할 수 있다.

필자가 피의자를 변호하며 경험한 사례에서는 고소인(피해자)이 위와 같은 절차를 잘 알고 있어서인지, 고소장에 아주 개략적인 사항만 적어 제출하고 자세한 사항은 고소인 조사를 할 때 진술하겠다고 기재했다. 결국 필자는 구체적인 고소 내용을 파악하지 못한 채 피의자로부터 파악한 고소내용을 추론하여 피의자 조사에 임할 수밖에 없었다.

따라서 고소장은 상세하다고 무조건 좋은 건 아니다. 그럼 자세한 내용은 언제 수사기관에 알릴까? 수사기관의 고소인(피해자) 진술조사 시간이 있다. 이때 사건은 구체화되고 증거화되는 것이므로 피의자가 열람하여 대비할 기회를 주지 않도록 사건의 성격에 따라서는 개략적인 사항만 적는 것이 효과적일 수도 있다.

단, 피의자도 이미 알고 예상하는 사항이라면 고소장을 상세히 작성하는 것이 고소인(피해자) 조사 때 담당수사관이 사건을 쉽게 파악하는 데 도움이 될 것이다. 하지만 피의자가 잘 모르거나 예상하지 못할 것 같은 내용을 고소할 때라든가 피의자가 예상할 수 없는 입증방법이 있을 때는 고소장에 아주 개략적인 사항만 기재하거나 아예 기재하지 않고 고소인(피해자) 진술조사를 진행할 때 상세히 진술하거나 관련 자료를 제출하는 것이 효과적일 수 있다.

형사고소장 제출방법

형사고소장 작성을 마쳤다면 직접 혹은 우편으로 제출할 수 있다. 제출할 수 있는 경찰서는 정해져 있다. 피해자의 주거지, 가해자의 주거지, 범죄 발생장소 이렇게 세 곳의 경찰서에 제출할 수 있는데 어느 곳의 관할경찰서에 제출해도 무방하다. 다만 가급적 가해자의 주소지 내지 범죄 발생장소에 제출하는 것이 바람직하다. 왜일까? 피해자 주소지나 범죄 발생장소에 고소장을 제출하더라도 가해자 출석 요청 때 가해자가 자기 동네로 이송해달라고 요청할 수 있기 때문이다. 물론 이송 요청을 모두 받아들이는 건 아니지만 만일 가해자 주소지 관할경찰서로 이송되면 이송 과정에서 한 달 가까운 시간이 허비될 수 있다. 단, 가해자의 주소지나 범죄 발생장소가 너무 멀어서 고소인 조사를 받으러 가는 것이 힘들다면 피해자 주거지 관할 경찰서에 제출하는 게 도리어 좋은 방법일 수 있다.

혹시 검찰에 바로 고소장을 접수하는 건 어떨까? 곤란하다. 2021년 1월 1일자로 검경 수사권 조정에 따라 성범죄 사건은 기본적으로 경찰에 고소장을 제출해야 한다. 검찰에 제출할 경우 곧바로 경찰로 넘긴다. 공연히 시간만 허비할 수 있다.

한편 관할지역이 넓을 경우 두 곳 이상의 경찰서가 있을 수 있다. 예를 들어, 서울의 경우 같은 강남구라도 강남경찰서와 수서경찰서 두 곳이 있다. 이럴 경우 해당 경찰서에 문의해서 두 경찰서 중 관할구역을 확인하여 고소장을 제출한다.

3

수사, 어떻게 진행될까?

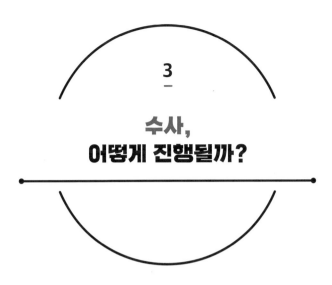

2021년 1월 1일 이전에는 경찰에서 수사를 진행하면 모두 검찰로 송치되어 검사가 추가 혹은 보완수사를 통해 기소 혹은 불기소를 결정했다. 혹은 검사가 경찰로 다시 사건을 돌려보내 추가 수사 후에 다시 송치하라고 재수사지휘를 하기도 했다. 하지만 이제 경찰에서 독자적인 성범죄 수사를 하여 혐의가 없다고 판단되면 검찰에 송치하지 않는 '불송치결정'을 할 수 있도록 수사종결권이 부여되었다. 이후 불송치결정에 대해 90일 이내에 고소인 등 피해자가 이의신청을 할 경우 검사에게 기록이 인계되어 경찰의 불송치결정이 합당한지 부당한지 판단하도록 바뀠다. 참고하자.

대략적인 성범죄 수사절차는 아래와 같다.

① 경찰의 피해자 진술조사

② 경찰의 피의자(가해자) 신문조사

③ 경찰의 제3자 조사 혹은 대질조사

④ 경찰의 혐의 여부에 대한 판단(검찰 송치 혹은 불송치)

⑤ 검찰에 송치된 경우, 검찰에서 기소 여부를 결정하기 위해 경찰에 보완수사 요구

하나씩 살펴보자.

'1번 피해자 진술조사'는 경찰이 피해자에게 진술을 받는 과정이다. 피해자가 어떤 피해를 입었는지, 누가 피해를 입혔는지 따위를 진술하고 경찰이 질문을 하여 필요한 정보를 얻는다.

'2번 피의자 신문조사'는 경찰이 의심 가는 자(피의자)를 불러다가 이것저것 추궁하는 과정이다. 범행을 인정하는지, 범행경위가 어떠했는지 따위를 묻는다.

'3번 제3자 조사'는 1~2번의 조사 결과를 바탕으로 추가적인 조사가 필요하다고 판단될 경우가 있다. 이때 목격자나 참고인을 불러 조사한다. 한편 성범죄의 경우 드물지만 부득의하게 필요하고 피해자가 동의한다면 피해자와 피의자를 같이 불러 대질조사를 하는 경우도 있다. 물론 대질조사를 할 때는 중간에 가벽을 설치하여 피해자가 가급적 피의자를 대면하지 않도록 한다.

'4번 경찰의 검찰 송치 여부의 판단'(검찰 송치 혹은 불송치)은 앞선 과정을 거치며 얻게 된 결과를 토대로 경찰이 혐의가 인정되는지(검찰 송치 결정), 인정되기 힘든지(불송치 결정) 판단하는 과정이다.

'5번'은 검찰의 요구로 진행될 수 있는 추가 수사 과정이다. 성범죄 자체에 대한 기본적인 수사권은 경찰에 부여되어 있다. 만일 검찰에서 사건을 기소할지 말지 결정하기에는 뭔가 부족하다고 생각될 때, 즉 보완수사가 필요하다고 판단될 때 경찰에 보완수사를 요구하며 수사기록을 다시 돌려보낼 수 있다.

이와 같은 과정을 거쳐 검찰에서는 최종적으로 형사재판에 넘기는 기소(공소제기)를 하거나 기소하지 않는 불기소처분을 할 수 있다. 통상적인 불기소처분 사유로는 1) 혐의 없음, 2) 공소권 없음, 3) 죄가 안 됨, 4) 기소중지, 5) 기소유예, 6) 각하가 있다.

1) '혐의 없음'은 성범죄 혐의를 입증할 증거가 없거나 부족할 경우로서 사실상 수사상 무죄판단이라고 보면 된다.

2) '공소권 없음'은 과거 친고죄나 반의사불벌죄의 경우 피해자와 원만히 합의하고 처벌불원을 할 경우 내리는 처분인데, 2013년 6월 19일부터 모든 성범죄에 대해 친고죄, 반의사불벌죄가 폐지되어 이와 같은 이유로 공소권 없음이 되는 경우는 없다. 다만 공소시효가 만료된 것이 분명한 경우라면 기소할 수가 없으므로 공소권 없음 처분을 하게 된다. 또한 최근 박원순 서울시장이 여비서로부터 성범죄로 형사고소를 당하자 자살하여 사망한 사건이 있었는데, 피고소인(고소당한 자)이자 피의자가 사망한 경우 공소제기 자체를 할 수 없으므로 해당 수사도 진행할 수 없게 된다. 이 경우도 공소권 없음 불기소처분을 하게 된다.

3) '죄가 안 됨'은 성범죄는 맞지만(구성요건 충족) 위법성조각사유나 책임조각사유가 인정되는 경우의 처분으로 굉장히 드물다. 위법성조각사유로는 정당방위, 긴급피난, 정당행위 등이 인정되고, 책임조각사유로는 가해자가 범행 당시 형사미성년자(만 14세 미만)인 경우가 있다. 다만, 성범죄에서 위법성조각사유가 인정되는 경우는 거의 없다고 보인다.

4) '기소중지'는 가해자나 목격자 등이 출석하지 않아 수사를 계속할 수 없어 혐의유무를 밝히기 어려울 경우 내리는 잠정처분이다. 피의자가 도주한 경우 신병을 확보하기 위해 지명수배 등 조치를 취하게 되며 피의자의 신병을 확보하는 등 기소중지 사유가 해소된 경우 다시 수사를 재개하게 된다. 참고로 검찰청에서는 피의자와 피해자가 모두 동의하는 경우 피해변제 합의를 중재하는 형사조정제도가 있는데, 이와 같은 형사조정절차에 회부하는 경우 수사진행이 잠정 중지되므로 이때에도 기소중지 처분을 하기도 한다.

5) '기소유예'는 초범으로서 사안이 경미하고 참작할 사정이 인정되는 경우 범죄는 성립되고 기소할 수 있지만 유예해주는 것을 말한다. 쉽게 말해 형사재판을 받지 않도록 용서해주는 검사의 막강한 권한이다.

6) '각하'는 1) '혐의 없음'이나 '죄가 안 됨', '공소권 없음' 처분의 사

유에 해당함이 명백한 경우나 2) 동일한 사건에 대해 이미 검사의 불기소처분이 된 경우에 내리는 처분이다. 다만 새롭게 중요한 증거가 발견된 경우 이와 같은 사유가 소명된다면 각하처분 사유에 해당하지 않는다.

4

고소인(피해자) 진술조사

첫 피해자 진술의 중요성

고소장과 함께 최초 피해자 진술은 성범죄 증거로서 중요한 의미를 가진다. 우선 사건과 시간적으로 가장 가까워 증거로서의 가치도 크다. 예를 들어 술을 마시고 같이 모텔에 가서 잠이 들었고 그 뒤 불법촬영을 당했다고 고소하고 고소인 진술까지 했는데 한참이 지나 당시 준강간 피해도 당했다고 추가로 진술할 경우, 진짜 준강간이 있었는지 의문스러울 수밖에 없다. 왜냐하면 불법촬영 피해보다 준강간 피해가 더 큰데 왜 최초 피해자 진술에서 감췄는지 상식적으로 납득하기 힘들기 때문이다.

<유사사건 변호 사례>

위 사례와 관련하여 필자가 피해자를 대리하여 변호한 사건이 있다. 해당 피해자는 우연히 모임에서 알게 된 남성과 술자리 후 남성의 주거지에서 성관계를 하였고, 정식으로 사귀며 교제하는 관계는 아니었지만 그 이후에도 비슷하게 두 차례 정도 술자리 후 성관계를 했다. 물론 술을 마시고 성관계를 할 때마다 어떻게 성관계를 하게 되었는지 기억이 없었지만 어느 정도 호감도 있었으니 당연히 동의하에 성관계를 한 것이라고 생각하였기에 위와 같은 관계가 반복된 측면도 있었다.

그런데 피해자는 우연히 새벽에 깨어 남성의 휴대폰 앨범을 들여다보았는데, 자신과 성관계를 할 때마다 촬영해놓은 동영상이 있었다. 촬영에 동의한 사실은 전혀 없었고, 해당 동영상 내용은 피해자가 완전히 술에 취해 잠이 든 상황에서 남성이 차마 입에 담을 수 없는 변태적인 성행위를 하고 있는 모습이 담겨 있었다. 너무나도 놀란 나머지 피해자는 남성의 휴대폰에서 해당 영상을 재생시키고, 이를 다시 자신의 휴대폰으로 촬영하여 증거를 확보한 뒤 경찰에 신고했다.

이후 피해자는 사건변호를 위해 필자의 사무실에 방문했는데 해당 동영상을 확인해보니 애초 성관계 자체에 대한 동의 여부가 인정되기 힘들 정도로 피해자가 음주만취로 인한 심신상실 상태로 보이고, 해당 남성의 변태적 성행위에 대해서 전혀 알지 못하여 동의할 수도 없었던 상태로 보였다.

결국 필자는 피해자와 상의 끝에 3번에 걸친 성행위 모두 준강간으로 추가 고소를 했고, 검찰에서는 해당 남성으로부터 일부 자백을 받아내 불법촬영 혐의 외에도 최초 성관계 부분에 대해서 준강간 혐의로 정식기소를 했고, 법원에서도 유죄판단을 받을 수 있었다.

이 사건에서는 피해자가 불법촬영 혐의에 대해서만 고소를 하고 최초 피해 진술을 하였지만, 준강간 혐의에 대해서는 피해자 역시 해당 남성과 몇 차례 성관계를 한 사실이 있었으므로 고소나 피해 진술을 하지 못할 만한 사정이 있었고, 이와 같은 사정은 납득할 만한 부분이 었기에 준강간 부분에 대한 추가 고소와 피해 진술의 신빙성이 배척되지 않을 수 있었다.

고소인(피해자) 진술 절차 및 과정

[조사 일정]

- 형사고소장을 직접 제출한 경우라면, 당일 고소인 조사가 진행될 수도 있다. 그런데 당일 제출하더라도 담당수사관 배정에 시간이 걸리고 고소장 내용이 복잡할 경우 담당수사관이 고소장을 검토할 시간이 필요하기 때문에 나중에 조사일정을 잡을 수 있다.
- 우편으로 제출한 경우라면 추후 날짜와 시간을 정해 고소인 조사를 받으러 오라고 경찰서에서 연락이 온다.

[조사 환경]

- 만일 국선변호사가 선정되었다면 고소인 조사과정에 국선변호사의 도움을 받을 수 있다. 반대로 국선변호사가 선정되지 않은 경우, 혼자서 조사를 받아야 하는데 불안하고 걱정된다면 가족이

나 지인의 참여를 요청할 수도 있다.

- 물론 수사관의 질문에 답할 수 있는 사람은 고소인(피해자) 자신뿐이다. 동석한 가족이나 지인, 변호인이 끼어들거나 대신 답변할 수는 없다. 다만, 변호인이 진술조사 중 의견을 개진할 수 있으며, 이 내용은 진술조서에 기재될 수 있다.
- 성범죄사건의 경우, 본인이 요청하면 여성조사관이 배정되는데 적극 요청해볼 만하다. 또한 진술녹화실과 같이 좀 더 조용한 장소에서 조사를 받도록 배려도 해준다.
- 피해자의 본명이 아닌 가명 내지 익명을 사용하여 피해자 진술조서를 작성할 수도 있다. 이렇게 하면 향후 형사재판에 이르기까지 피해자의 본명이 아닌 가명 내지 익명으로 절차진행이 된다. 물론 실명으로 피해 진술을 하더라도 가해자 측에 알리지 않는다. 형사재판 단계에서도 가해자가 수사기록을 복사할 때도 피해자의 이름은 모두 가려진다.
- 고소인 조사는 기본적으로 형사고소장에 기재된 사항에 대해 수사관이 질문을 하고, 고소인이 답변을 하는 과정이다. 강압적일 이유는 전혀 없으나, 세부적인 사항을 둘러싸고 피해자 진술의 앞뒤가 어긋난다고 판단되면 약간은 추궁받을 수 있다.

수사과정에서 배려를 받는 건 좋은데 조사가 부실해지는 건 막아야

수사기관에서는 성범죄 피해자에 대한 조사과정에서 여러 편의를 제공하고, 강압적인 분위기를 만들지 않으려고 한다. 수사기관의 배려와 호의는 피해자에게 절실하고 필요하다. 그러나 심각한 부작용도 있다. 결국 피해자의 목표는 가해자에게 법의 심판을 내리는 것일 텐데 이 목표를 달성하려면 무엇보다 피해자가 수사기관에서 진술한 내용에 의심이 없어야 한다. 그런데 수사관이 보기에 피해자의 진술에 모순이나 의문점이 있는데 배려한다고 강하게 추궁하지 못하고 지나치면 어떻게 될까? 수사관이 의문을 풀지 못하고 넘어갔다면 반드시 판사도 의문을 갖게 된다. 형사재판에서 유죄의 입증은 '합리적인 의심'의 여지가 없어야 한다. 그런데 판사가 의문을 갖게 되면 유죄 판결을 내리기 힘들게 된다. 따라서 수사과정에서 피해자 진술이 객관적으로 진실인지 치열하게 다루어져야 나중에 형사재판에서도 흔들리지 않고 그대로 받아들여질 수 있는 것이다. 특히 아래처럼 피해자를 배려한다고 하지만 피해자 본인이 사건의 쟁점 파악을 어렵게 하고, 그게 문제가 되어 검찰이 혐의가 없다고 판단하거나 혹은 법원이 무죄판결을 내릴 수 있다.

① 성범죄 피해자 조사를 가급적 1회로 한정하는 점

수사기관에서는 성범죄 피해자를 배려한다며 가급적 조사를 1회에 한정하고 있다. 문제는 이후 피의자(가해자) 조사를 진행하는데, 피의자가 혐의내용 중 어느 부분을 부인하는지, 부인하는 이유와 근거에 대해 피해자가 자세히 알 수가 없다. 피해자에 대해 추가조사를 해야만 수사관이 질문하는 내용을 보고 피의자가 혐의내용 중 어느 부분을 부인하는지 등을 짐작할 수 있는데, 추가조사를 가급적 하지 않으니 피해자로서는 이러한 상황에 대해 알 수 없고, 깜깜이 상태로 대응할 수밖에 없는 것이다.

② 가해자와의 대질조사를 진행하지 않는 점

수사를 진행하면서 가해자와 피해자의 주장과 진술이 상반되는 경우, 진위를 가리기 위해서는 대질조사만큼 효과적인 방법이 없다. 대질조사란 가해자와 피해자를 나란히 앉히고 번갈아가며 질문을 하고 답을 듣는 것을 말한다. 그런데 피해자를 가해자와 대면시키는 것 자체가 2차 피해의 소지가 있으니 아예 대질조사를 하지 않는 것이 사실상 성범죄 수사관행이 되었다.

그런데 가해자가 강하게 혐의를 부인할 경우 형사재판에서 피해자는 증인으로 나와 가해자 측 변호인의 치열한 반대신문을 받을 수밖에 없다. 수사과정에서 최대한 배려를 받으며 가해자와 대질조사를 받는 것이 차라리 나을 수도 있다.

물론 수사관 앞에서 피해자가 가해자와 나란히 앉아 대질조사를 받는 것은 그 자체로 부적절하다고 본다. 하지만 수사기관으로서는 번거롭겠지만 공간을 분리하여 피해자가 가해자와 대면하지 않은 채로 대질조사를 받는 것이 불가능한 것은 아니며 이는 수사기관의 성범죄 혐의입증을 위한 의지 문제라고 본다.

[조사 후]

- 고소인 조사는 수사관이 질문을 하고 고소인이 답변을 한 내용을 컴퓨터 워드프로세서 프로그램으로 타이핑을 통해 조서형태로 작성한다. 출력하고 조서기재 사항을 확인하는 과정을 거친다. 질문과 답변이 제대로 기재되었는지 확인하고, 오해의 소지가 있는 부분에 대해서는 명확히 밝히고 수정하도록 한다. 이 수정 과정이 매우 중요한데 왜냐하면 수정과정을 거치면 공문서로서 완성이 된 것이기 때문이다. 공문서는 재작성하거나 수정하는 것이 불가능하다.

- 한편, 이미 제출한 형사고소장을 고소인 조사과정에서 '일부 내용'을 수정하거나 철회할 수 있다. 이 말은 형사고소장을 수기로 수정한다는 말도 아니고, 고소 내용을 완전히 뒤집을 수 있다는 말도 아니다. 고소인 피해진술 과정에서 '고소장의 내용 중 어떤 부분은 이런 취지다.'라고 진술하여 '일부 내용'을 더욱 도드라지게 만들 수 있다는 말이다. 형사고소장은 이미 제출한 상태이므로 다시 확인해보고 어떻게 진술할지 머릿속에 떠올려본 이후 고소인 조사에 임하는 것이 바람직하다.

진술을 번복하거나 진술조서를 다시 작성할 수 있을까?

고소인 조사를 마친 이후 뭔가 아쉽고, 잘못 말한 것 같다는 생각이 들 수가 있다. 애초 생각하고 기대했던 대로 진술이 되지 않으면 더욱 그렇다. 그래서 '기존 고소인 진술조서를 수정할 수 있는지', '다시 작성할 수 있는지' 묻는 경우가 있다.

결론부터 말하자면, 절대 안 된다!

이미 고소인 조서로 작성된 것은 공문서이므로 사후에 임의로 수정하거나 폐기할 수도 없다. 이후 추가조사를 통해 최초 진술내용이 어떻게 사실과 다른지, 왜 그렇게 진술했는지 밝히는 것은 가능하다.

다만, 애초 명확히 고소인 조사에서 진술해놓는 것이 중요하겠지만, 일부 사실과 다르게 잘못 진술한 부분이 있다면 추가진술을 하고 싶다고 밝히고 해당 내용을 제출하거나 추가조사가 있을 경우 그 과정에서 사실대로 진술할 필요가 있다.

수사 중 진술을 번복하는 것은 굉장히 불리하게 작용할 수도 있다. 다만, 나중에 형사재판 단계에서 증인으로 출석하여 기존 수사에서의 진술을 번복하는 것보다는 차라리 수사 단계에서 명확히 하는 게 나을 수도 있다.

실제 피해자 진술조서 예시

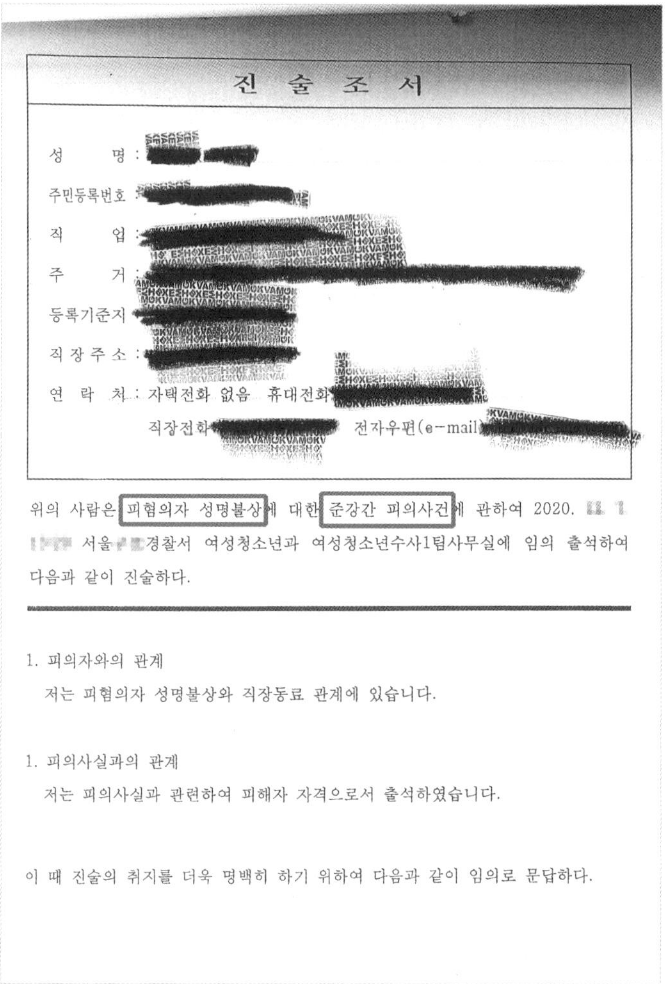

진 술 조 서

성 명 : [redacted]

주민등록번호 : [redacted]

직 업 : [redacted]

주 거 : [redacted]

등록기준지 : [redacted]

직 장 주 소 : [redacted]

연 락 처 : 자택전화 없음 휴대전화 [redacted]

직장전화 [redacted] 전자우편(e-mail) [redacted]

위의 사람은 피혐의자 성명불상에 대한 준강간 피의사건에 관하여 2020. [redacted] 서울[redacted]경찰서 여성청소년과 여성청소년수사1팀사무실에 임의 출석하여 다음과 같이 진술하다.

1. 피의자와의 관계
   저는 피혐의자 성명불상와 직장동료 관계에 있습니다.

1. 피의사실과의 관계
   저는 피의사실과 관련하여 피해자 자격으로서 출석하였습니다.

이 때 진술의 취지를 더욱 명백히 하기 위하여 다음과 같이 임의로 문답하다.

이 사건은 최초 피해자 진술조사 당시 가해자가 누구인지 최종 확정되지 않았기 때문에 '피혐의자 성명불상'이라고 기재가 되었다. 사건은 준강간 피의사건이라고 기록되어 있다.

문 : (피해자인 경우) 담당조사관으로부터 형사절차상 범죄피해자의 권리 및 지원 정보에 대한 안내서를 교부받았나요

답 :

문 : 진술인이 [redacted] 맞는가요.

답 : 네.

문 : 본인임을 증명할 수 있는 신분증 및 표시가 있는가요.

답 : 아니오.

문 : 진술인은 영상녹화에 동의하는가요.

답 : 그냥 조사받을게요.

문 : 남자경찰관 조사에 동의하는가요.

답 : 네.

문 : 진술인은 가명으로 조사 받기를 희망하는가요.

답 : 아니오. 어차피 그 사람도 제 이름하고 연락처하고 제 인적사항 다 알고 있어서 필요 없을 것 같아요.

문 : 진술인은 국선변호인 선임에 대하여 설명 듣고 이해하였나요.

답 : 네.

문 : 국선변호인 선임을 원하는가요.

인적사항을 파악한 후, 영상녹화 진행 여부, 남자경찰관의 조사 여부, 가명조사 진행 여부, 국선변호사 선임 여부 등을 확인하고 있다.

하셨어요.

문 : 피의자에 대한 처벌을 원하나요.

답 : 네.

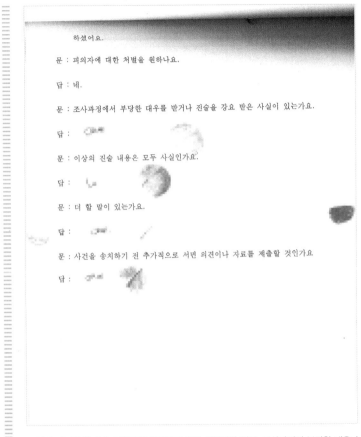

문 : 조사과정에서 부당한 대우를 받거나 진술을 강요 받은 사실이 있는가요.

답 : [illegible]

문 : 이상의 진술 내용은 모두 사실인가요.

답 : [illegible]

문 : 더 할 말이 있는가요.

답 : [illegible]

문 : 사건을 송치하기 전 추가적으로 서면 의견이나 자료를 제출할 것인가요

답 : [illegible]

조서의 마지막 단계다. 가해자인 피의자에 대한 처벌희망 여부, 조사과정의 부당한 대우나 진술강요 여부 등에 관해서도 질문하여 답변을 받고 있다.

무고죄가 걱정된다면

성범죄 피해자들이 형사고소를 주저하는 이유는 여러 가지다. 그중 하나가 무고죄 때문이다. 다른 증거 없이 피해자의 진술밖에 없는 상황에서 가해자가 범행을 부인하고 수사나 재판에서 무혐의, 무죄를 받으면 거꾸로 피해자가 무고죄로 처벌받는 경우도 없지 않다. 그래서 혹시 나도 무고죄가 되지 않을까 걱정스러울 텐데 만일 언제 무고죄가 되는지 안다면 공연한 걱정을 덜 수 있겠다. 무고죄를 알아보자.

1. 성범죄가 중대범죄가 된 만큼 무고죄도 중하게 본다 ——

무고죄란, 타인을 형사처분 또는 *징계처분을 받게 할 목적으로 허위의 사실을 신고하거나 고소하는 경우 성립하는 범죄를 말한다(* '형사고소'를 하는 경우만 무고죄가 된다고 생각하는데 정확히는 징계처분을 받게 할 목적으로 허위 신고를 했을 때도 무고죄가 된다. 가령 공무원에 대해 허위사실을 신고하여 해당 공무원이 징계처분을 받게 할 목적인 경우 역시 무고죄에 해당

될 수 있다.).

성범죄에서 무고죄가 성립하려면 1) 아예 성적 접촉이 없었거나, 2) 피해자의 의사에 반하는 성적 접촉이 없었는데도 3) 허위로 형사고소를 해야 한다. 즉 피해자가 상대방을 형사처벌시킬 목적으로 거짓말인 줄 알면서 형사고소를 한 경우에 무고죄가 성립한다.

무고죄의 법정형은 10년 이하의 징역 또는 1천 500만 원 이하의 벌금으로 굉장히 높다. 또한 무고죄는 수사기관과 법원을 속이는 범죄로 보아 처벌수위도 굉장히 높다. 특히 최근 성범죄에 대한 처벌수위가 강화됨에 따라 성범죄 무고 역시 처벌수위가 높아지고 있다(성범죄 자체를 중대범죄로 보기 때문에 성범죄 무고를 더욱 중하게 보며 구속수사를 원칙으로 하고 있다.).

〈관련 조문〉

형법 제156조(무고)

타인으로 하여금 형사처분 또는 징계처분을 받게 할 목적으로 공무소 또는 공무원에 대하여 허위의 사실을 신고한 자는 10년 이하의 징역 또는 1천 500만원 이하의 벌금에 처한다.

2. 무고죄로 역고소를 하면 바로 수사를 진행할까?

고소당한 피의자(가해자) 중에 '억울하게 고소를 당했다'고 주장하며 무고죄로 역고소를 하는 경우가 있다. 감정적으로 그렇게 대응하는 경우도 있겠으나 다분히 전략적 대응이다. 그러나 무고죄로 역고소를 했다고 바로 무고죄 조사를 벌이는 게 아니고, 고소사건에 대한 수사나 재판을 모두 마친 이후에나 가능하다. 허위 고소에 대한 판단은 피의자가 무혐의, 무죄판결이 나온 이후에야 가능하기 때문이다. 설령 판결까지 기다리지 않더라도 최소한 수사기관에서 잠정적으로라도 피의자(가해자)에 대한 무혐의 판단을 내린 이후에나 무고죄 수사가 진행된다. 이런 이유 때문에 검찰에서 피의자(가해자)에 대한 무혐의 불기소결정을 내리면 무고죄 고소가 없어도 검사는 직권으로 무고죄 여부를 따진다.

재판까지 진행되어 무죄 판결이 나온 것이라면 무고죄 여부뿐 아니라 위증죄도 문제가 될 수 있다. 특히 무죄가 선고된 판결문을 보면 무죄의 이유로 성범죄 피해자가 사실과 다르게 증언한 것 같다는 뉘앙스로 기재되는 경우가 있다. 이 경우 성범죄 피해자가 증인으로 출석해서 진술을 했다면, 법정에서 선서하고 위증한 것이므로 무고죄와 함께 위증죄도 문제가 된다.

이 경우 가해자가 피해자에 대해 무고죄, 위증죄로 형사고소를 진행할 수도 있다. 그러나 실무상 성범죄 가해자의 무죄여부는 검찰에서 항소를 포기하지 않는 한 1심에서 최종 결정되지 않고 2심, 3심 재판까지 가게 되므로 최종 무죄판결이 확정된 이후에야 성범죄 피해자의 무고, 위증죄 해당 여부에 대해 판단하게 된다. 특히, 단순히 무죄판결이 나왔다는 이유만으로 성범죄 피해자가 무고죄, 위증죄에 해당하는 것은 아니며 다른 이유가 있어야 한다.

3. 성범죄 무고의 유형

성범죄와 연관된 무고죄의 유형을 정리하면 아래와 같다. 학술적인 구분은 아니다. 필자가 이해의 편의를 위해 정리했다.

① 금전갈취형

동의하에 성행위를 하고 돈을 뜯어내기 위해 강제로 성범죄 피해를 당했다고 허위로 고소하는 경우

② 악감정형

암묵적으로 동의하에 원나잇 성관계를 하고, 연락 두절한 남자에 대해 섭섭함 등 악감정이 생겨 고소하는 경우

③ 블랙아웃형

술에 만취하여 성관계를 하긴 하였는데, 가해자가 성관계에 동의한 것으로 오해할 만한 상황인 경우

* 블랙아웃(black-out)이란 술을 마신 후, 당시에는 의식을 갖고 행동했으면서도 나중에 음주 후 알코올분해 과정에서 일시적으로 해당 부분에 대한 기억만을 상실하는 것을 말한다.

④ 오락가락형

원치 않은 성관계를 하긴 하였으나, 형사고소 후 합의하여 진술을 번복한 경우

이 가운데 ① 금전갈취형, ② 악감정형의 경우 허위 사실이 분명하므로 무고죄가 된다. 그런데 ③ 블랙아웃형, ④ 오락가락형은 애매하다. 무엇이 애매할까?

4. 고의성이 없다고 판단될 가능성이 많은 블랙아웃형 무고죄 —

처음 만난 사이거나 원래 알던 사이라도 술에 만취하여 성관계까지 가는 경우가 있다. 다음날 깨어보니 전날 기억이 전혀 없고 준강간을 당한 것이라 생각하여 형사고소를 했는데, 수사나 재판을 통해 나중에 확인된 바로는 피해자가 만취하지 않은 상태로 보였고, 적극적으로 애무를 하는 등 성행위에 동의한 것으로 보이는 사정이 발견되었다. 이런 경우가 블랙아웃 상태에서 고소한 무고다. 이 경우 오히려 피해자가 성관계에 동의하고도 허위로 고소한 것으로 볼 수가 있다. 하지만 피해자 입장에서는 '허위임을 알고' 고소한 것이 아니라 '사실관계를 착각하여' 고소한 것이므로 고의성이 없다고 보는 경우가 많다. 따라서 무고죄가 성립된다고 보긴 어렵다.

5. 금전적 합의가 동반된 경우에는 무고죄 가능성이 생기는 오락가락형 무고죄 ——

이 유형은 피해자와 가해자가 서로 아는 사이인 경우 많다. 강제로 성폭행을 당했거나 원치 않은 성관계를 맺었고 그래서 형사고소를 했으나 가해자와 원만히 합의에 이르러 기존 피해 진술을 번복한 경우다. 친고죄가 폐지되었으므로 한번 형사고소를 한 이상, 사건 자체를 물릴 수는 없다. 경찰과 검찰 등 수사기관에서는 1) 최초 피해진술과, 2) 가해자와 합의 이후 번복한 피해자의 추가진술 중 어느 것이 사실인지 판단해야 한다. 이때 1번 최초 피해진술이 진짜인지 가짜인지 판단에 따라 무고죄가 될 수도 있고, 그렇지 않을 수도 있다. 만일 최초 피해진술이 허위라고 판단할 경우라면 이후 진술을 번복하더라도 무고죄 여지가 생긴다. 가해자와 합의하여 가해자가 처벌을 받지 않도록 배려한다고 한 일이 오히려 무고죄로 처벌될 빌미가 될 수 있다.

앞서 설명했듯이 수사기관에서는 성범죄 피해자를 배려하기 위해 가급적 최초 피해자 진술조사만을 진행하기 때문에 성범죄 피해내용에 대해 상세히 조사한다. 이는 나중에 피해자가 가해자로부터 합의를 하거나 회유당해 최초 피해진술을 번복하는 것을 방지하기 위함도 있다. 따라서 이와 같이 최초 피해진술에서 상세히 진술을 해놓았으나 가해자와 합의 후 기존 진술을 정면으로 번복한 경우 수사기관에서 번복한 진술이 사실이라고 판단할 경우 피해자에게 무고죄 책임을 물을 수 있다.

이런 경우도 있다. 성범죄 피해를 입었다며 형사고소를 하고 경찰에서 고소인 조사까지 받았는데 수사를 해보니 사실관계가 애매하여 추가 고소인 조사를 받게 되었다. 하지만 최초 조사내용과 다르고, 일관성도 부족했다. 이 경우 애초 성범죄 피해사실이 없는 것으로 판단될 경우 무고죄가 문제될 수 있다.

실무상 고소인 진술이 일관되지 못하고 계속하여 말이 바뀔 경우 도리어 성범죄 피해자가 무고죄로 처벌되는 경우도 있으니 유의할 필요가 있다. 수사관이 피해자의 말을 의심하지 않도록 진술에 각별히 신경을 써야 한다.

특히 1) 가해자로부터 금전적 합의를 하면서 2) 최초 피해진술을 번복할 경우(오락가락형) 최초 피해진술 부분이 무고죄로 판단될 여지가 있으므로 주의해야 한다.

6. 법원은 무고죄 판단을 엄격히 하는 경향이 있다 ——

기본적으로 무고죄는 신고나 고소한 사실이 객관적 진실에 반하는 허위사실임에 대해 적극적인 증명이 있어야 하고, 신고나 고소한 사실의 진실성을 인정할 수 없다는 소극적 증명만으로는 무고죄의 성립을 인정할 수 없다는 것이 판례의 입장이다. 쉽게 말해, 성범죄로 고소를 하였으나 혐의입증이 부족하여 유죄로 판단할 수 없다고 하여 무조건 고소한 피해자에게 무고죄가 인정되지는 않는다.

여기에 더해 최근 대법원은 성범죄에 대한 무고죄 판단에 있어서도 성인지감수성을 고려해야 한다는 취지로 다음과 같이 판결했다.

"성폭행 등의 피해를 입었다는 신고사실에 관하여 불기소처분 내지 무죄판결이 내려졌다고 하여, 그 자체를 무고를 하였다는 적극적인 근거로 삼아 신고내용을 허위라고 단정하여서는 아니 됨은 물론, 개별적, 구체적인 사건에서 피해자임을 주장하는 자가 처하였던 특별한 사정을 충분히 고려하지 아니한 채 진정한 피해자라면 마땅히 이렇게 하였을 것이라는 기준을 내세워 성폭행 등의 피해를 입었다는 점 및 신고에 이르게 된 경위 등에 관한 변소를 쉽게 배척하여서는 아니 된다."

같은 취지에서 1, 2심의 무고죄 판결을 뒤집고 대법원에서 무죄로 판결한 사건들이 있다.

〈사건 1 : 일부 허위가 있더라도 무고죄가 아닌 경우〉

- **개요 :** 피해자는 직장선배로부터 1) 술집에서 옆에 앉아 허리를 감싸 안는 방법으로, 2) 3~4시간 후 술집에서 나와 함께 걸어가며 강제로 손을 잡는 방법으로, 3) 길가에 있는 소파에 앉았다가 팔을 잡히고 끌어 앉힌 후 강제로 키스를 당하는 등의 추행을 당하였다고 고소한 사건에서 수사기관에서는 무혐의 불기소처분을 하였고, 상대방의 무고죄 고소로 피해자가 무고 가해자가 되어 형사재판까지 간 사건이었다.
- **무죄 판결의 이유 :** 이 사건에서 피해자가 주장한 정황들이 일부 허위로 밝혀진 것은 사실이나 피해자로서는 일정수준 신체접촉을 용인하면서도 언제든 그 동의를 번복할 수 있고, 예상하거나 동의한 범위를 넘는 신체접촉에 대해서는 거부할 자유가 있기에 피해자 진술이 아예 허위로 볼 수는 없으므로 무고죄가 인정되기 어렵다는 것이다. 아주 쉽게 설명하면 없는 사실을 날조한 것이 아닌데 무고죄는 부당하다는 것이다.

〈사안 2 : 업무상 위력을 행사할 수 있는 관계라면〉

- **개요 :** 피해자는 심리학 자격증을 딴 후 수련생으로 등록한 상담센터에

서 심리상담을 해준 가해자인 지도교수를 만나 사제지간의 인연을 이어 가던 중 여러 차례에 걸쳐 성관계를 이어갔다. 그런데 이러한 관계가 가해자의 부인에게 알려져 피해자를 상대로 불륜으로 인한 손해배상 소송까지 제기되는 상황에서 피해자는 가해자가 교수라는 지위를 이용하여 상습적으로 간음을 하였다고 형사고소를 했다. 이 사건에 대해 검찰에서는 무혐의 불기소처분을 하면서 피해자를 무고죄로 기소하였고, 1, 2심은 징역형을 선고했다.

- **무죄 판결의 이유** : 이 사건에서 심리학 학회에서는 상담자와 내담자 사이의 성적 관계를 엄격히 금지하고 있기 때문에 피해자의 입장에서는 가해자의 행동을 '업무상 위력에 의한 간음'으로 평가할 수 있었고, 결국 피해자의 성범죄 형사고소는 전혀 근거가 없는 허위로 단정할 수 없다는 것이었다. 쉽게 설명하면 법률적으로 오해하여 형사고소할 만했을 사건이므로 무고죄가 성립되긴 어렵다는 것이다.

위와 같은 대법원 판례의 취지를 고려하면, 현재 판례는 이렇게 보는 것으로 보인다. "성범죄 피해자가 법률적으로 전문가도 아니고, 나름 성범죄가 성립할 수 있다고 판단하여 형사고소한 경우에는 무혐의 불기소처분이 되었다고 하더라도 무고죄가 성립될 수는 없다."

6장

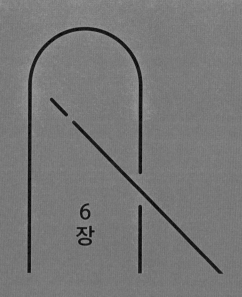

수사와 재판, 진행 상황을 알고 있어야 한다

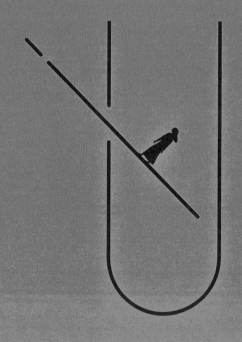

●

"내 사건이 어떻게 진행되고 있는지 속 시원히 알려주지 않더군요." 성범죄 피해를 당하여 형사고소를 하고 피해진술까지 한 피해자가 가장 궁금해하고 답답해하는 내용이다. 수사기관이나 법원은 왜 알려주지 않을까? 내 사건이 어떻게 진행되고 있는지 알려면 어떻게 해야 할까? 무엇보다, 피해자로서는 단지 궁금증 때문이 아니라 실익 차원에서 진행과정을 알고 있어야 한다.

●

1

수사와 재판이 어떻게 진행되는지 아는 게 중요한 이유

왜 알아야 할까? 가해자가 진심으로 반성한다며 합의해 달라고 손이 발이 되게 빌더니 막상 수사나 재판에서는 전혀 그런 적 없다고 발뺌할 수도 있기 때문이다. 즉 피해자로서는 가해자에 대해 처벌불원 합의를 할지, 엄벌해달라고 탄원을 할지 정하기 위해서 가해자가 수사나 재판에서 어떤 태도를 취하는지 알아야 한다. 일단 진행 과정부터 알아보자.

〈성범죄 수사와 재판진행 과정〉

[경찰 단계]

형사고소장 제출 → 피해자 진술조사 → 피의자 진술조사 → 관련

사항 조사(CCTV, 목격자 등) → 피해자 및 피의자에 대한 추가조사 혹은 대질조사 → 검찰송치

[검찰 단계]

기소 혹은 불기소처분 결정

[법원 단계 : 1심 재판]

1) 1회 공판기일 : 공소사실 인정여부 및 검사가 제출할 증거에 대해서 피고인(가해자)이 동의하는지 동의하지 않는지 입장을 밝힘

2) 2회 공판기일 : 피해자 등에 대한 증인신문

3) 추가공판기일

– 피고인신문 : 피고인에게 묻고 대답을 듣는 과정인데 피고인 측 변호인의 신청에 따라 진행 여부가 정해진다.

– 검찰구형 : 어떻게 처벌해 달라는 내용

– 피고인(가해자) 측 변호인 최후변론

– 피고인 최후진술

4) 선고공판기일 : 판결선고

2

성범죄 피해자에게 제공되는 정보에는 한계가 있다

범죄피해자보호법에서는 가해자에 대한 수사결과, 공판기일, 재판결과, 형벌 및 보호관찰 집행상황 등 형사절차 관련 정보를 제공하도록 규정하고 있다.

반대로 진짜 궁금한 정보는 알려주지 않는다. 즉 구체적인 수사 및 재판진행 사항이나 가해자가 범행을 인정하는지 부인하는지, 뭐라고 변명하는지, 가해자는 어떤 사람인지(직업, 나이, 전과, 사는 곳 등) 알려줄 의무가 없다는 말이다.

수사나 형사재판에서 성범죄 피해자에게 자세한 정보를 제공하지 않는 이유는 다음과 같다.

① 아직 혐의가 확정된 건 아니다

비록 성범죄 피해를 당해서 형사고소를 하고 피해진술도 하였더라도 아직 성범죄 혐의가 확정된 것은 아니다. 성범죄 혐의가 확정되지 않았다는 말은 진짜 피해자인지 여부도 확정되지 않았다는 의미이기도 하다. 다만 잠정적으로 범죄피해자보호법상 수사나 형사재판상 정보제공이 되는 것뿐이다. 제공되는 정보의 범위가 협소할 수밖에 없다. 따라서 피의자(가해자)가 뭐라고 진술했는지는 피해자에게도 알려줄 수 없다. 만일 임의로 알려줄 경우 편파적으로 수사한 것으로 오해될 소지도 있으며, 피해자의 입장에서 피의자의 변명에 대비할 여지를 줄 수 있기 때문이다.

② 가해자(피의자)의 개인정보도 보호대상이다

피해자와 마찬가지로 가해자의 개인정보도 보호대상이다.

③ 수사기관이 좀 바쁘다

일선 경찰이나 검찰에서는 수많은 사건들을 다루기 때문에 피해자에게 일일이 친절하게 사건진행 사항을 알려주기 어려운 것이 현실이다.

④ 형사재판에서 피해자는 당사자가 아니다

당사자란 재판에서 대립된 위치에 서서 싸움을 벌이는 주체를 말한다. 민사소송이라면 피해자도 원고(혹은 피고)라는 당사자 지위에 서게 된다. 그런데 형사재판에서는 당사자가 될 수 없다. 재판이 시작되면 검사와 피고인(변호인)의 시간으로 바뀐다. 피해자는 피해자이자 증인이 될 뿐이다. 형사소송은 피해자가 아닌 검사가 국가의 공형벌권을 행사하는 것이다. 당사자가 아니라서 정보 접근성이 떨어진다.

: 관련규정 :

범죄피해자보호법

제8조(형사절차 참여 보장 등)

① 국가는 범죄피해자가 해당 사건과 관련하여 수사담당자와 상담하거나 재판절차에 참여하여 진술하는 등 형사절차상의 권리를 행사할 수 있도록 보장하여야 한다.

② 국가는 범죄피해자가 요청하면 가해자에 대한 수사 결과, 공판기일, 재판 결과, 형 집행 및 보호관찰 집행 상황 등 형사절차 관련 정보를 대통령령으로 정하는 바에 따라 제공할 수 있다.

범죄피해자보호법 시행령

제10조(범죄피해자에 대한 형사절차 관련 정보의 제공)

① 법 제8조에 따라 범죄피해자에게 제공할 수 있는 형사절차 관련 정보(이하 "형사절차 관련 정보"라 한다)의 세부사항은 다음 각 호와 같다. 〈개정 2020. 12. 29.〉

1. 수사 관련 사항: 수사기관의 공소 제기, 불기소, 기소중지, 참고인중지, 불송치, 수사중지, 이송 등 결과
2. 공판진행 사항: 공판기일, 공소 제기된 법원, 판결 주문(主文), 선고일, 재판의 확정 및 상소 여부 등
3. 형 집행 상황: 가석방·석방·이송·사망 및 도주 등
4. 보호관찰 집행 상황: 관할 보호관찰소, 보호관찰·사회봉사·수강명령의 개시일 및 종료일, 보호관찰의 정지일 및 정지 해제일 등

② 형사절차 관련 정보는 범죄피해자에게 제공하는 것을 원칙으로 한다. 다만, 범죄피해자의 명시적인 동의가 있는 경우에는 범죄피해자 지원법인에도 해당 정보를 제공할 수 있다.

③ 범죄피해자가 형사절차 관련 정보를 요청한 경우 해당 국가기관은 이를 제공하여야 한다. 다만, 형사절차 관련 정보의 제공으로 사건 관계인의 명예나 사생활의 비밀 또는 생명·신체의 안전이나 생활의 평온을 해칠 우려가 있는 경우에는 형사절차 관련 정보를 제공하지 아니할 수 있다.

④ 형사절차와 관련된 정보를 제공할 때에는 서면, 구두, 팩스, 그 밖에 이에 준하는 방법으로 해야 한다. 〈개정 2021. 1. 5.〉

3

진행 과정을 알려면 어떻게 해야 할까?

첫째, 이 사건을 담당하는 사람이 누구인지 알아두기

우선, 자신의 사건을 어느 부서에서 수사하고 있는지 정확히 알고 있어야 한다. 경찰 단계에서는 담당형사(성폭력수사전담팀 ○○○ 수사관)를, 검찰 단계에서는 담당검사실(○○○호 검사실 혹은 담당수사관)을 알아두자. 만일 누가 담당인지 별도의 통지가 없다면 직접 전화를 걸어 확인하자. 문의사항이 생기거나 관련 서류를 제출할 때 담당이 누군지 모르면 곤란하다.

둘째, 자주 전화하거나 방문하여 면담하기

민사소송은 전자소송으로 진행되는 경우도 있어 인터넷만 있으면 진행 과정을 구체적으로 파악할 수 있다. 반면 형사사건의 경우, 특히 수사 단계에 있을 때는 달리 진행 과정을 알 수 없으므로 담당부서에 자주 전화하거나 번거롭더라도 면담을 신청하여 방문하는 게 가장 좋은 방법이다. 형사사법포털 인터넷 사이트(www.kics.go.kr)에서도 사건조회가 일부 가능하지만 실시간 정보 반영을 기대하기 힘들다. 특히 구체적인 진행 내역에 대해서는 확인 자체가 불가능하다.

물론 전화를 걸거나 방문을 한다고 디테일한 내용까지 다 알려주진 않는다. 그럼에도 담당수사관의 말하는 뉘앙스를 듣고 유추해 보면 도움이 된다. 특히 피의자 조사를 한 이후나 검찰 송치 전후를 기해 문의하여 낌새를 차려보자.

참고로, 검찰에서는 아주 중요한 사건이 아닌 이상 업무의 효율을 위해 수사와 기소를 담당하는 검사(수사 및 기소검사)와, 형사재판 공판을 담당하는 검사(공판 검사)가 따로 있다. 이미 수사를 거쳐 형사재판으로 넘어간 단계라면 수사검사가 아닌 공판검사에게 문의하거나 관련 자료를 제출할 수 있다.

셋째, 성범죄 피해자 국선변호사를 활용하기

과거에는 피해자가 아동·청소년, 장애인이거나 중한 유형의 성폭력

사건에서만 국선변호사를 선정해주었다. 최근에는 경미한 성범죄의 경우에도 피해자가 원한다면 국선변호사를 선정해주어 사실상 모든 성범죄 피해자가 국선변호사의 도움을 받을 수 있다. 아직 선정되지 않았다면 담당형사에게 요청하여 도움을 받아보자.

국선변호사를 통해 진행사항을 파악하면 여러모로 편하고, 수사상 의견개진도 편하게 할 수 있다. 특히 형사재판 과정에서는 직접 법정에 출석해야 가해자가 뭐라고 변명하는지, 재판진행은 어떻게 되는지 알 수 있는데 이때 궁금한 것들을 국선변호사에게 물으면 큰 도움이 된다.

7장

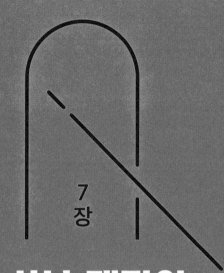

수사나 재판이 진행되는 동안, 가해자의 엄벌을 요청하거나 합의를 요청하려면

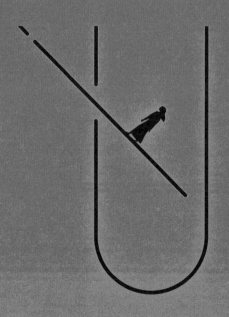

●

가해자가 수사나 재판에서 어떻게 대응하고 있는지 알았다면 피해자는 어떻게 대응해야 할까?

고소를 한 이유부터 상기하자. 성범죄 피해를 입었으니 가해자를 엄히 처벌해달라는 것이 피해자가 고소한 이유였다. 가해자를 엄벌시키는 것 역시 성범죄 피해자가 진정으로 원하는 것이므로 그 목적을 달성하기 위해 어떤 방법이 효과적인지를 생각해볼 필요가 있다.

반면 비록 성범죄를 저질렀으나 수사나 재판에서 진심으로 반성하고 있고 성범죄 피해자가 보기에도 가해자가 안쓰럽고 용서하고 싶을 수 있다. 이럴 경우 가해자와 원만히 합의하여 처벌 수위를 낮출 수 있는 방법도 중요할 수 있다.

●

1

가해자에 대한 처벌수위 기준(검찰처분 및 양형기준)

가해자를 어떻게 할지 결정하는 사람은 두 사람이다. 한 명은 검사이고, 한 명은 재판관이다. 검사는 기소할지, 기소유예를 할지 등을 결정하고, 재판관은 유무죄와 양형(어떤 벌을 얼마나 줄 것인가)을 결정한다.

첫째, 검사의 처분수위(정식기소 혹은 기소유예)

수사가 끝나면 검사는 가해자를 어떻게 처분할지 정하게 된다. 성범죄 혐의가 있다고 판단하면 형사재판에 넘기는 것이 원칙이다. 이를 '공소제기' 혹은 '기소'라고 한다. 공소제기(기소)의 방법은 두 가지가 있다. 1) 벌금형 사안이라고 판단, 가해자가 법원에 출석하지 않고

서류재판으로 벌금형을 내리는 '약식기소'(혹은 '구약식')가 하나고, 2) 가해자로 하여금 법원에 출석하여 정식으로 재판받도록 하는 정식기소가 둘이다. 정식기소는 '구공판'이라고도 하며 구속된 상태로 기소하는 것을 '구속-구송판', 불구속 상태로 기소하는 것을 '불구속-구공판'이라고 한다(이와 같은 용어는 실무상 많이 사용되므로 알아두는 게 수사기관 담당자와 이야기할 때 도움이 된다.)

한편 검사는 범죄혐의가 있다고 하더라도 1) 가해자가 초범이고 2) 범행 정도가 경미하고 3) 피해자와 원만히 합의한 경우 등 사정이 있을 때는 일정시간 교육이수를 조건으로 '기소유예 불기소처분'을 할 수도 있다.

'기소유예'란 범죄혐의는 있지만 법정에서 유죄판결을 받은 것은 아니므로 전과는 아니다. 따라서 성범죄 전과가 아니므로 신상정보등록, 신상공개, 취업제한 등 각종 보안처분 자체를 받지 않게 된다(물론 이 경우에도 가해자가 교사 등 교원이거나 공무원일 경우 소속기관의 징계절차를 피하기 어려울 것이다. 최근 성범죄를 저지른 교사 등 교원과 공무원에 대한 징계수위가 높아져서 검사의 기소유예 불기소처분을 받더라도 소속기관에서 파면, 해임 등의 중징계로 퇴출되는 경우도 많다.).

필자가 피해자와 가해자를 모두 변호한 경험을 바탕으로 보면, 1) 카메라등이용촬영, 2) 공중밀집장소추행, 3) 성적 목적 다중이용장소침입, 4) (준)강간 내지 강간미수 등의 사건에서 경미한 범행일 때 '교육이수조건부 기소유예 불기소처분'을 받은 적이 있다. 이상의 죄명에 있어서는 사안이 중하지 않다면 피해자의 합의 및 선처탄원으로 기소유예 불기소처분이 될 수도 있다. 이 때문에 가해자 측에서도 이런 종류의 사건일 때는 수사 단계에서부터 '기소유예 불기소처분'을 목표로 대응하는 경우가 많다.

둘째, 법원의 양형 판단

검찰의 기소로 형사재판이 진행될 경우 법원은 유무죄를 가려서 만일 유죄일 경우 성범죄에 상응한 형벌규정에 따라 처벌수위를 정한다. 구체적인 처벌수위는 1) 가해자의 과거전과(전과가 있으면 양형이 무거워진다.), 2) 범행인정 여부(범행을 부인하다가 유죄를 받으면 양형이 무거워진다.), 3) 피해자와의 합의여부(합의가 없으면 양형이 무거워진다.) 등 여러 사정을 감안하여 정하게 된다. 또한 최근에는 대법원 양형위원회에서 성범죄에 대한 양형기준을 설정하여 일선 법원 재판부에 배포, 참고하여 최종적인 선고형량을 정하도록 하고 있다.

2

가해자에 대한 형사처벌 수위를 높이기 위해 피해자가 할 수 있는 방법

"가해자가 이러이러한 죄를 저질렀는데, 얼마나 처벌을 받나요?"

성범죄 피해자와 법률상담을 할 때 가장 많이 듣는 질문 가운데 하나다. 피해자로서는 가장 궁금해할 사항이지만 변호사로서는 가장 답하기 힘든 질문이기도 하다. 양형의 범위가 폭이 넓기 때문이다.

예를 들어 강제추행죄의 경우, 법정형이 10년 이하의 징역 또는 1,500만 원 이하의 벌금이다. 징역의 하한선은 1개월이고, 벌금의 하한선은 5만 원이므로 가해자가 받을 수 있는 형벌은 징역 1개월~10년, 벌금 5만 원~1,500만 원이 된다. 여기에 판사의 재량으로 1/2까지 감경을 할 수 있고, 별개의 죄명이 경합할 경우 상한에서 1/2까지 가중을 할 수 있으므로 최종선고형은 이론상 징역 15일부터 15년, 벌금 25,000원부터 2,250만 원까지 된다. 즉 선고형의 범위가 굉장히 폭이 넓다.

물론 죄명 및 사안의 개요, 가중 감경사유 유무에 따라 대략적인 양형을 예측할 수는 있겠다. 그러나 정확하긴 힘들다. 따라서 가해자가 받게 될 처벌 수위를 예상할 때는 이런 사정을 감안해야겠다.

아무튼, 그럼에도 불구하고 유죄가 확실하다는 전제 아래 가해자에게 좀 더 엄한 처벌을 내리도록 할 수 있는 방법은 무엇일까?

첫째, 양형기준 및 범행 후 정황에 대해 강조한다.

검사가 기소유예를 하거나, 법원에서 처벌수위를 정할 때 참고하는 게 있다. 아래 형법 제51조에서 규정하는 양형의 조건이다.

형법 제51조(양형의 조건) 형을 정함에 있어서는 다음 사항을 참작하여야 한다.

1. 범인의 연령, 성행, 지능과 환경
2. 피해자에 대한 관계
3. 범행의 동기, 수단과 결과
4. 범행 후의 정황

양형의 조건 중 1~3번은 이미 형사고소 및 피해진술에서 충분히 밝히고 수사과정에서 드러났을 것으로 생각된다(아직 밝히지 못했다면 수사나 재판 중 피해자 측 의견제출을 통해 밝힐 수 있다.).

남은 건 4번이다. '범행 후의 정황'. 쉽게 말해 성범죄 가해자가 파렴치하게 범행을 부인하거나 피해자를 비난하는 등 수사나 재판에서 부적절하게 처신한 적이 있는가? 그렇다면 수사관이나 재판관이 알 수 있도록 그 점을 강조한다(이런 이유로, 앞장에서 성범죄 수사와 재판진행사항을 파악하는 것이 중요하다.).

성범죄 이후 가해자가 피해자를 비난하거나 주변에 허위사실을 유포하는 등 소위 2차 피해를 가하더라도 누군가 이를 알려주지 않으면 수사기관이나 법원에서 알 길이 없다. 그런데 이와 같은 사실들은 '4. 범행 후의 정황'이 되어 양형을 결정할 때 큰 영향을 끼친다. 따라서 이런 사실이 있다면 피해자는 수사기관과 법원에 적극적으로 알려 가해자의 처벌수위를 높이는 데 일조하자.

특히 아래 대법원 판결을 보면 알 수 있듯이 범죄사실을 입증할 명백한 증거가 있음에도 가해자가 범행을 악의적으로 부인하는 경우(자기 방어권의 범위를 벗어나는 경우), 헌법상 보장된 방어권 행사의 범위를 넘은 것으로서 형을 가중할 수 있다고 밝히고 있다.

〈관련 대법원 판례〉

형법 제51조 제4호에서 양형의 조건의 하나로 정하고 있는 범행 후의 정황 가운데에는 형사소송절차에서의 피고인의 태도나 행위를 들 수 있는데, 모든 국민은 형사상 자기에게 불리한 진술을 강요당하지 아니할 권리가 보장되어 있으므로(헌법 제12조 제2항), 형사소송절차에서 피고인은 방어권에 기하여 범죄사실에 대하여 진술을 거부하거나 거짓 진술을 할 수 있고, 이 경우 범죄사실을 단순히 부인하고 있는 것이 죄를 반성하거나 후회하고 있지 않다는 인격적 비난요소로 보아 가중적 양형의 조건으로 삼는 것은 결과적으로 피고인에게 자백을 강요하는 것이 되어 허용될 수 없다고 할 것이나, 그러한 태도나 행위가 피고인에게 보장된 방어권 행사의 범위를 넘어 객관적이고 명백한 증거가 있음에도 진실의 발견을 적극적으로 숨기거나 법원을 오도하려는 시도에 기인한 경우에는 가중적 양형의 조건으로 참작될 수 있다. (대법원 2001.03.09. 선고 2001도192 판결)

2차 피해는 무엇이고, 어떻게 대응할까?

흔히들 성범죄 피해자가 가해자로부터 수사나 재판과정에서 입게 되는 피해를 2차 피해라고 하는데, 구체적인 의미에 관해서는 혼란이 있었다. 그러다 2018년 12월 24일 여성폭력방지기본법이 제정되어 '2차 피해'에 관해 정의를 내리고 각종 권리와 의무규정을 두었다(2019년 12월 25일 시행). 그런데 문제가 있다. 구체적인 처벌규정이 없다. 2차 피해를 입어도 이 법으로는 처벌을 요청할 수 없다는 얘기다. 그저 성범죄 자체에 대해서만 형사처벌이 가능하며, 그 외에는 민사상 손해배상 등의 방법으로 해결할 수밖에 없는 것이 현실이다. 물론 다른 방법은 있다. 2차 피해에 대해 대응하는 대표적인 방법이 허위사실 유포로 인한 명예훼손으로 형사고소를 하는 방법이다. 실제 영화촬영 중 수위를 넘는 추행을 하여 강제추행으로 유죄 판결을 받은 가해자(영화배우)가 유튜브를 통해 피해자를 계속하여 비난하고 허위사실을 유포한 사건에서 일반적인 명예훼손죄와는 달리 법원에서는 실형을 선고하며 법정구속조치를 했다. 법원 역시 성범죄로 인한 '2차 피해'에 대해 엄단방침을 밝힌 것이라고도 볼 수 있다.

<관련규정 : 여성폭력방지기본법>

제3조(정의) 이 법에서 사용하는 용어의 뜻은 다음과 같다.

1. "여성폭력"이란 성별에 기반한 여성에 대한 폭력으로 신체적·정신적 안녕과 안전할 수 있는 권리 등을 침해하는 행위로서 관계 법률에서 정하는 바에 따른 가정폭력, 성폭력, 성매매, 성희롱, 지속적 괴롭힘 행위와 그 밖에 친밀한 관계에 의한 폭력, 정보통신망을 이용한 폭력 등을 말한다.
2. "여성폭력 피해자"란 여성폭력 피해를 입은 사람과 그 배우자(사실상의 혼인관계를 포함한다), 직계친족 및 형제자매를 말한다.
3. "2차 피해"란 여성폭력 피해자(이하 "피해자"라 한다)가 다음 각 목의 어느 하나에 해당하는 피해를 입는 것을 말한다.

가. 수사· 재판· 보호· 진료· 언론보도 등 여성폭력 사건처리 및 회복의 전 과정에서 입는 정신적 · 신체적· 경제적 피해

나. 집단 따돌림, 폭행 또는 폭언, 그 밖에 정신적· 신체적 손상을 가져오는 행위로 인한 피해(정보통신망을 이용한 행위로 인한 피해를 포함한다)

다. 사용자(사업주 또는 사업경영담당자, 그 밖에 사업주를 위하여 근로자에 관한 사항에 대한 업무를 수행하는 자를 말한다)로부터 폭력 피해 신고 등을 이유로 입은 다음 어느 하나에 해당하는 불이익조치

1) 파면, 해임, 해고, 그 밖에 신분상실에 해당하는 신분상의 불이익조치

2) 징계, 정직, 감봉, 강등, 승진 제한, 그 밖에 부당한 인사조치

3) 전보, 전근, 직무 미부여, 직무 재배치, 그 밖에 본인의 의사에 반하는 인사조치

4) 성과평가 또는 동료평가 등에서의 차별과 그에 따른 임금 또는 상여금 등의 차별 지급

5) 교육 또는 훈련 등 자기계발 기회의 취소, 예산 또는 인력 등 가용자원의 제한 또는 제거, 보안정보 또는 비밀정보 사용의 정지 또는 취급 자격의 취소, 그 밖에 근무조건 등에 부정적 영향을 미치는 차별 또는 조치

6) 주의 대상자 명단 작성 또는 그 명단의 공개, 집단 따돌림, 폭행 또는 폭언, 그 밖에 정신적 · 신체적 손상을 가져오는 행위

7) 직무에 대한 부당한 감사 또는 조사나 그 결과의 공개

8) 인허가 등의 취소, 그 밖에 행정적 불이익을 주는 행위

9) 물품계약 또는 용역계약의 해지, 그 밖에 경제적 불이익을 주는 조치

둘째, 진정서나 탄원서를 제출한다.

(국선)변호사가 있다면 변호사를 통해 의견서 등을 제출한다. 피해자가 직접 수사기관을 방문해서 의견을 말로 전달할 수도 있다. 그러나 수사나 형사재판 기록에 명확히 남기기 위해 진정서나 탄원서 형식의 문서로 제출하는 것이 적절하다. 어떻게 작성할까? 제목에 '진정서', '탄원

서'라는 제목을 달고 마지막에 작성일자, 작성자의 이름과 서명 혹은 도장날인을 찍는다. 본문에는 가해자를 엄하게 처벌해야 하는 근거를 상세히 적으면 되는데 관련 자료가 있다면 첨부하는 것도 도움이 된다.

<실제 사건에서의 탄원서>

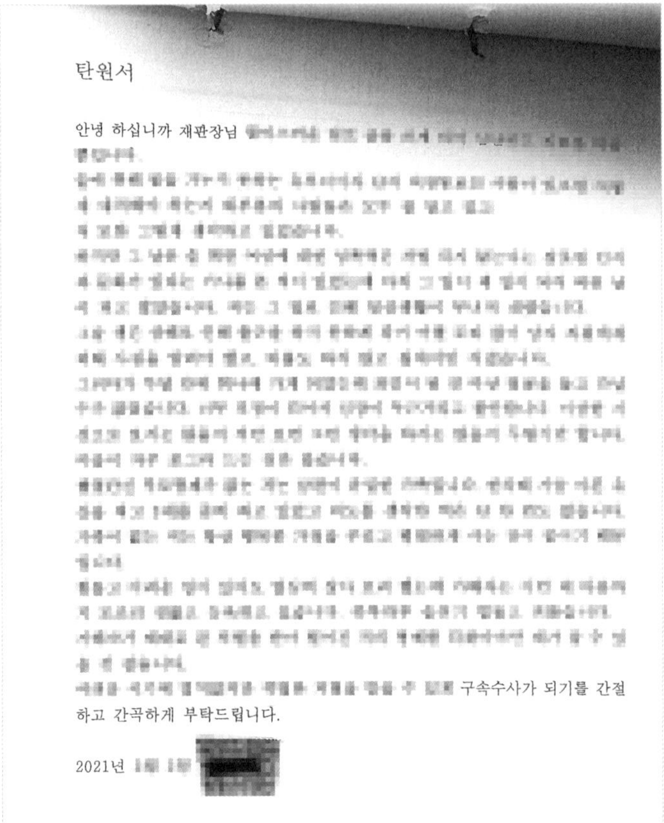

탄원서

안녕 하십니까 재판장님 [redacted]

[redacted] 구속수사가 되기를 간절하고 간곡하게 부탁드립니다.

2021년 [redacted]

실제로 피해자 본인이 작성한 탄원서다. 본문의 내용은 개인정보로 소개할 수 없다. 다만 형식을 참고하자. 제목에 '탄원서'라고 기재되어 있다. 첫 문장은 '안녕하십니까 재판장님'으로 시작된다. 본문에는 가해자의 잘못, 그로 인해 피해자 본인이 현재에도 입고 있는 피해 등을 상세히 적고 마지막에 구속수사가 될 수 있도록 해달라는 취지로 마무리한다. 이 탄원서는 수사단계에서 제출된 것으로, 구속영장이 청구되어 가해자가 구속되길 희망한다는 취지로 작성되었다.

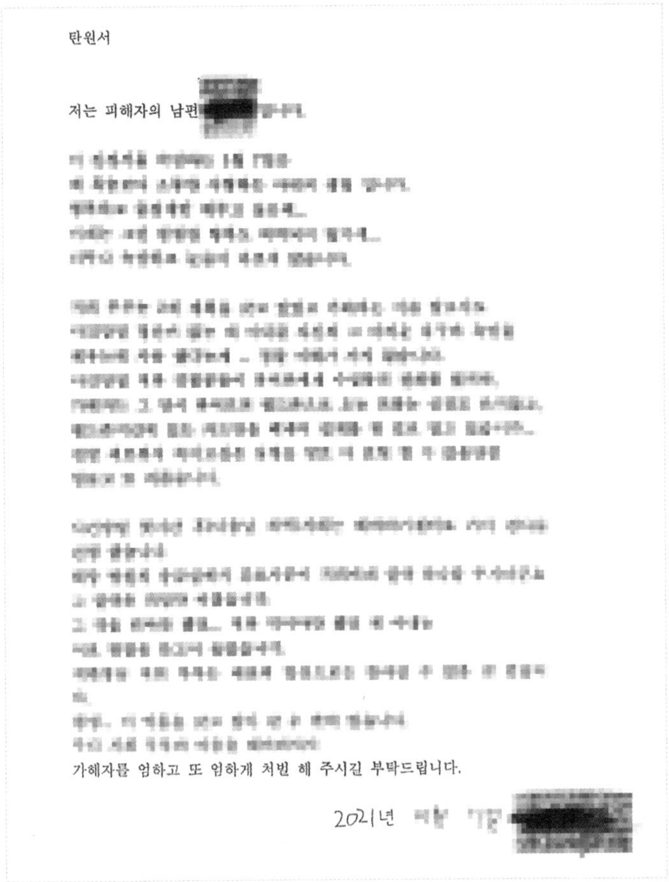

탄원서

저는 피해자의 남편[redacted]

[redacted]

가해자를 엄하고 또 엄하게 처벌 해 주시길 부탁드립니다.

2021년 [redacted]

역시 실제 사건에서 제출한 탄원서다. 이 탄원서는 피해자의 가족이 제출한 것으로 본문 첫 문장은 피해자와의 관계를 기재하고 이어서 본문 내용을 기재하고 있다. 마지막은 역시 가해자를 엄하게 처벌해달라는 취지의 글을 적었다. 본문에 이어 작성일자와 작성자의 이름을 적고, 서명 혹은 도장을 날인하여 수사기관 혹은 법원에 제출한다.

이렇게 피해자가 제출한 진정서, 탄원서는 검사나 판사의 입장에서도 무시하기는 쉽지 않으며, 오히려 엄벌의 근거로 삼을 수 있다.

주의할 게 있다. 근거 없이 무리하게 엄벌해달라고만 하면 오히려 수사기관이나 법원에서는 가해자를 동정할 소지가 생길 수 있다. 합리적 근거를 바탕으로 엄벌을 탄원하는 것이 적절한데, 구체적으로 가해자의 잘못된 행실을 지적하는 것이 바람직하다. 성범죄 피해자의 심정은 그 자체로 '주관적인 피해감정'이다. 그래서 감정을 호소하는 것만으로는 판사를 움직일 수 없다. 피해자가 입은 피해감정을 누구나 객관적으로 공감하고 납득할 수 있도록 전달하여야 한다.

한편 성범죄 피해를 입고, 가해자가 제대로 된 사과조차 하지 않아 성범죄 피해자가 정신과적 치료를 받을 정도로 심각한 상황이라는 점은 진단서, 소견서를 첨부하여 진정서 형식으로 제출하면 좋다.

진정서, 탄원서를 제출할 때는 시기가 중요하다

필자가 성범죄 피해자를 대리한 사건에서는 수사나 재판에서 가해자가 어떻게 대응을 하는지 보고 있다가 필요하면 곧바로 반박하거나 엄벌해야 할 근거에 관해 의견서나 피해자 작성의 진정서를 제출한다. 수많은 사건을 기계적으로 처리하는 수사나 재판부로서는 개별 사건에 더 많은 에너지를 투입하기 힘들다. 따라서 가해자의 대응에 맞추어 적절한 시기에 피해자 측의 입장을 담은 서면을 제출하여 수사관이나 재판관으로 하여금 지금 사태를 명확히 인식할 수 있도록 하자.

3

수사나 재판이 진행되는 도중에 가해자가 합의를 요청해왔다면

수사나 재판이 한창인데 가해자 측으로부터 합의를 요청하는 경우가 있다. 평소 알던 지인이 가해자라면 가해자 본인이나 그 변호사로부터 합의요청을 받을 것인데, 전혀 모르는 사람이 가해자라면 수사단계에서는 담당수사관, 형사재판 단계에서는 법원사무관을 통해 합의의사가 있는지 묻는 게 보통이다. 혹은 국선변호사를 통해서 합의의사를 전달받는 경우도 있다. 아무튼, 그렇게 합의 요청이 오면 어떻게 대응하는 게 좋을까? 우선 왜 합의를 요청했는지부터 알아보자.

첫째, 가해자 측에서 합의를 요청하는 이유

가해자 측에서 합의를 요청하는 이유는 무엇일까? 수사단계라면 초범이고 추행이나 단순 불법촬영과 같이 사안이 비교적 가볍다면 기소유예의 선처를 받기 위해서인 경우가 많다. 물론 수사 단계에서도 사안이 무겁고 구속여부에 대한 재판(*영장실질심사 재판)을 앞두고 있다면 구속을 피하기 위해서 합의를 요청할 수도 있다. 또한 형사재판 중이라면 사안이 가벼운 경우에는 선고유예, 사안이 무거운 경우에는 실형구속을 피하고 집행유예의 선처를 받기 위해서 합의 의사를 비친다. 물론 무죄주장을 하면서 혹시라도 유죄로 판단될 경우를 대비해서 합의요청을 하는 경우도 있긴 한데 드물다.

(* 영장실질심사 재판 : 수사 중 단기간에 걸쳐 가해자인 피의자를 구금하는 것을 체포라고 하는데, 최장 48시간이 시한이다. 그보다 길게 구금하는 것을 구속이라고 하며 피의자를 구속하기 위해서는 수사 중이라도 재판을 거쳐 구속여부를 결정한다. 이를 구속 전 피의자심문 혹은 영장실질심사 재판이라고 한다.)

일단, 합의요청을 받으면 가장 먼저 해야 할 게 있다. 현재 가해자는 수사나 형사재판에서 어떻게 대응하고 있는가? 만일 수사관이나 재판관 앞에서는 범행을 부인하고 피해자를 비난하면서 피해자에게는 반성하고 있으니 합의해달라고 요구하는 것인지도 모르기 때문이다. 그런 경우라면 당연하게도 합의를 받아들이면 안 된다.

둘째, 가해자가 합의를 요청하지 않는 경우

합의 요청이 없는 경우에 대해서도 알아보자. 가해자 측에서 억울하다며 무죄를 주장하고 있는 경우라면 당연히 합의를 요청할 리가 없겠다. 그런데 혐의를 인정하면서도 아래와 같은 경우에는 합의를 요청하지 않을 수도 있다.

① 가해자가 피해를 배상할 능력이 없거나 합의, 배상 의지가 아예 없는 경우
② 가해자가 합의를 해봤자 아무 이익이 없다고 판단하는 경우

우선, ①의 경우는 가해자가 혐의를 인정하지만 합의나 배상을 할 능력이 없기 때문에 아예 합의요청이나 시도 자체를 포기하는 경우다. 이런 경우에는 피해 배상을 받으려면 별도의 손해배상 민사소송을 진행해야 하는데, 손해배상액을 지급하라는 판결을 받더라도(승소하더라도) 곧바로 강제집행을 통해 배상액을 지급받기가 어려운 것이 현실이다.

다음으로, ②의 경우는 합의를 해봤자 처벌수위를 낮추거나 소속기관의 징계나 취업제한을 피하기 어렵다고 판단한 경우다. 가령 사안이 중하거나 과거 유사전과가 있어 피해자와 합의를 하더라도 검찰에서 기소유예 불기소처분을 받기 어렵고, 그렇다고 형사재판에서 구속실형이 선고될 가능성이 낮은 경우가 있을 수 있다. 어차피 합의를 하더라도 벌금 아니면 집행유예 정도라고 판단되면 가해자는 합의를 생각하지 않을 수 있다. 특히 합의를 통해 줄어들 벌금보다 지급하여야 할 합의금이 더 많을 경우 합의의 필요성을 느끼지 않을 수도 있다. 물론 피해자 측에서 나중에 손해배상 민사소송을 할 가능성을 생각하면 최소한 그 한도 내에서는 합의금을 지급하는 게 처벌수위를 낮추는 방

법이 되겠으나 그게 별로 이익이라고 생각지 않는다면 당연히 합의는 가해자의 대응책에 없을 것이다.

셋째, 검찰에서 합의의사를 묻는 경우

검찰이 보기에, 1) 사안이 비교적 중하지 않고, 2) 피해자와 원만히 합의하거나 3) 피해자에게 '가해자의 처벌을 원치 않는다(처벌불원).'는 의사만 있다면 굳이 기소하지 않고 기소유예 불기소처분으로 끝낼 수 있는 사건들이 있겠다.

그런 경우 검찰은 피의자 측에서 합의 의사가 있는지 묻게 되고, 만일 피해자 측에서도 동의할 경우 기소 대신 형사조정 절차(검찰청 산하 형사조정위원회 담당)에 회부하게 된다. 피해자 역시 금전적으로 배상받으면 합의와 처벌불원 의사가 있다는 생각을 갖고 있다면 합의가 성사될 가능성이 굉장히 높아진다.

통상 검찰청 형사조정기일이 잡히면, 조정위원회에서는 피해자는 참석하지 않더라도 전화로 합의의사와 희망하는 합의금액을 조율하여 가급적 당일 합의서 및 고소취하서를 작성하게 되고, 곧바로 합의금 등이 입금될 수 있도록 절차를 진행한다.

실제 필자가 형사조정절차에 참여하여 진행해 보면, 피해자 측에서 가해자의 상황이나 경제적 자력에 대해 파악하지 못한 상태다 보니 그때그때 조정합의 처리되는 합의금의 액수가 달라지는 경우가 굉장히 많다. 피해자의 입장에서는 사건의 종류에 따라 다르겠지만 적절한 합의금액에 대해 의견을 제시할 수 있도록 전문변호사의 조언을 받는 등 준비가 필요하겠다.

넷째, 형사재판이 진행되는 동안 합의문제

이때는 통상 피해자와 가해자 양측의 변호사가 만나서 합의 의사를 타진하고 합의금을 조율한다. 만일 피해자에게 변호사가 없는 상태라면 일선 법원에서는 검찰 측에 피해자 측 국선변호사 선임을 요청하기도 하고, 법원사무관을 통해 피해자에게 합의 의사가 있는지 묻기도 한다. 만일 합의 의사가 있다면 가해자 측 연락처를 알려주고 직접 연락하여 협의를 하도록 한다(법원에서 합의를 대리해주지는 않는다. 직접 연락이 부담스러워 피해자 측에서 합의 시도 자체를 거부하는 경우도 많다.).

합의에 실패하면 가해자는 공탁을 하기도 한다

과거에는 합의에 실패하면 공탁을 하는 경우가 많았다. 예를 들어 가해자 측에서 피해자와 합의를 통해 처벌수위를 낮추려고 하는데, 피해자 측에서 합의를 거부하거나 합의금을 높게 요구한다고 생각하면, 준비한 피해변제금을 '*공탁'하고 해당 '공탁서'를 수사기관이나 형사재판 중인 법원에 제출했다. 수사기관이나 법원에서는 피해배상금이 공탁된 사정을 감안하여 가해자에게 불구속이나 집행유예 등의 선처를 해줄 수 있었다.

(* 공탁이란 채권자가 변제수령을 거절할 경우 채무자가 채무액 상당을 공탁소에 맡겨주고 공탁소는 채권자에게 공탁이 되었음을 고지하고 공탁금을 수령하도록 하는 것을 말한다. 이와 같이 공탁이 된 경우 채권자의 수령 거절에도 불구하고 채무는 변제된 것으로 간주된다. 성범죄는 민사상으로는 불법행위로서 손해배상책임이 있다. 즉 가해자는 손해배상 채무자이고 피해자는 손해배상 채권자라고 볼 수 있다. 따라서 피해자가 언제든 손해배상 청구를 할 수 있는데, 합의가 되지 않아 손해배상 채무를 변제할 수 없으니 공탁을 할 수 있는 것이다.)

그런데 이제는 달라졌다. 성범죄에 대한 친고죄 규정이 폐지되고, 성범죄 피해자의 개인정보를 보호하다 보니 가해자는 피해자의 인적사항(이름, 주민번호, 주소)을 알 길이 없어지고 결국 공탁을 못하게 되었다. 설사 수사기록 열람등사 과정에서 몰래 확인하거나 이미 알고 있는 피해자의 인적사항으로 공탁을 하기도 했는데 현재 공탁소에서는 형사사건으로 인한 공탁의 경우 피해자 측이 동의하였음을 확인할 수 있는 문서나 법원의 보정명령에 의해 공탁하는 것임을 입증할 수 있는 자료를 제시받지 않는 이상 공탁금 수령을 거절하고 있다. 즉 사실상 형사사건에 있어서 가해자 측이 단독으로 피해배상금을 공탁하여 선처를 받기는 어렵게 되었다.

하지만 피해자의 인적사항 등 개인정보를 보호하면서도 가해자 측에서 피해변제금을 공탁할 수 있는 방법을 강구할 필요성이 있다는 문제제기가 계속되었고, 이에 따라 2020년 12월 8일 개정된 공탁법에서는 피해자의 인적사항을 가해자가 확보하지 못한 경우에도 공탁할 수 있는 특례를 신설했다. 다만, 해당 규정은 2년 후인 2022년 12월 9일부터 시행될 예정이다.

〈관련규정 : 공탁법〉

제5조의2(형사공탁의 특례)

① 형사사건의 피고인이 법령 등에 따라 피해자의 인적사항을 알 수 없는 경우에 그 피해자를 위하여 하는 변제공탁(이하 "형사공탁"이라 한다)은 해당 형사사건이 계속 중인 법원 소재지의 공탁소에 할 수 있다.

② 형사공탁의 공탁서에는 공탁물의 수령인(이하 이 조에서 "피공탁자"라 한다)의 인적사항을 대신하여 해당 형사사건의 재판이 계속 중인 법원(이하 이 조에서 "법원"이라 한다)과 사건번호, 사건명, 조서, 진술서, 공소장 등에 기재된 피해자를 특정할 수 있는 명칭을 기재하고, 공탁원인사실을 피해 발생시점과 채무의 성질을 특정하는 방식으로 기재할 수 있다.

③ 피공탁자에 대한 공탁통지는 공탁관이 다음 각 호의 사항을 인터넷 홈페이지 등에 공고하는 방법으로 갈음할 수 있다.

1. 공탁신청 연월일, 공탁소, 공탁번호, 공탁물, 공탁근거 법령조항
2. 공탁물 수령·회수와 관련된 사항
3. 그 밖에 대법원규칙으로 정한 사항

④ 공탁물 수령을 위한 피공탁자 동일인 확인은 다음 각 호의 사항이 기재된 법원이나 검찰이 발급한 증명서에 의한다.

1. 사건번호
2. 공탁소, 공탁번호, 공탁물
3. 피공탁자의 성명·주민등록번호
4. 그 밖에 동일인 확인을 위하여 필요한 사항

⑤ 형사공탁의 공탁서 기재사항, 첨부하여야 할 서면, 공탁신청, 공탁공고 및 공탁물 수령·회수 절차 등 그 밖에 필요한 사항은 대법원규칙으로 정한다.

[본조신설 2020. 12. 8.]

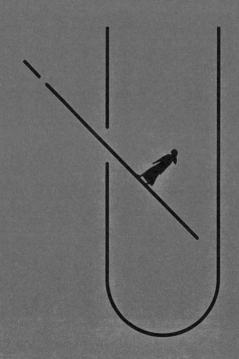

8
장

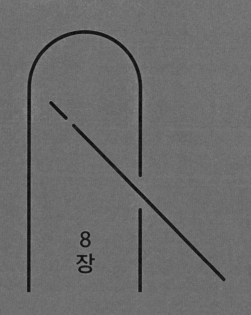

증인으로 출석을 하라고 요청이 왔다

●

성범죄 피해를 입은 후 형사고소를 하고, 경찰에서 피해자 진술조사도 했다. 사건은 검찰에서 법원으로 넘어갔다고 들었다. 그런데 갑자기 법원에서 증인으로 출석하라고 연락이 왔다. 이미 다 이야기했다고 생각했는데 왜 증인으로 나오라고 하는 걸까? 증인으로 나가서 어떻게 증언해야 할까? 증인 출석에 대해서 알아보자.

●

1

어떤 경우에 성범죄 피해자에 대해 증인신문을 할까?

피해자의 진술을 비롯해 그간 수사한 기록이 있겠다. 검사가 필요에 따라 증거기록을 추려서 법원에 제출한다. 그런데 가해자(피고인)가 범행사실을 부인할 때가 있다. 이때가 성범죄 피해자를 증인으로 부를 때다. 왜 부를까? 경찰과 검찰에서 진술한 내용이 모두 맞는지, 사실인지 묻게 되는데 이때 '그렇다'고 답을 해야 수사기록이 증거로 사용될 수 있다.

여기까지는 별것 없다. 그런데 이제 가해자 측 변호인이 등장하여 성범죄 피해자에게 실제 성범죄 사실이 있었는지 추궁하는 질문을 던진다. 이를 반대신문권이라고 하는데 가해자 측에서 보자면 무죄를 입증하기 위한 중요한 순간이다. 즉 성범죄 피해자가 증인으로 출석하는 경우는 기본적으로 가해자가 성범죄 범행사실을 일부 혹은 전부 부인하는 경우로 보면 된다.

수사 진행 과정을 꾸준히 모니터링했다면 가해자가 범행을 부인하고 있다는 사실도 미리 알 수 있고, 따라서 증인 출석 요청이 머지않았다는 것을 어느 정도 예상할 수 있겠다.

한편 가해자가 범행을 인정하는 경우에도 판사가 정확한 사실관계 파악이 힘들 때 직권으로 피해자를 증인으로 소환하는 경우도 있는데 아주 드물다.

가해자가 진술에 '부동의'할 때

증거로 사실을 다투는 재판에서 피해자의 진술 역시 증거로 제출된다. 증거가 제출되면 판사는 가해자(피고인) 측에 이 증거에 동의하는지 묻게 된다. 가해자가 동의하면 재판에서 증거로 쓰게 되고(이 증거로 유무죄 판단은 다른 문제), 동의하지 않으면, 즉 부동의하면 판사가 살펴서 증거로 채택할지 말지 결정하게 된다. 그런데 대개의 증거는 설령 피고인 측에서 부동의를 하더라도 증거로 채택되는데 피해자 진술만큼은 증인 소환 절차를 거치게 된다.

아래 내용은 실제 사건에서 검사가 재판부에 제출하는 증거목록 중 일부이다. 수사기록 중 범죄혐의를 입증할 증거들에 순번을 매겨 적어놓았다. 피해자 진술을 적은 진술증거는 아래에서 9~10번에 해당한다. 이 증거가 증거로 채택되려면 1) 피고인이 동의하거나 2) 피해자가 증인으로 법원에 출석해서 해당 진술조서가 사실대로 진술했고, 진술한 대로 기재되었음을 인정하는 절차를 거쳐야 비로소 증거로 채택된다.

증 거 목 록 (증 거 서 류 등)

2021형제[illegible] [illegible] 서울[illegible]지방검찰청 신청인 : 검사 [illegible]

순번	증거방법					참조사항 등	신청기일	증거의견		증거결정		증거조사기일	비고
	작성	쪽수(수)	쪽수(증)	증거명칭	성명			기일	내용	기일	내용		
1	사경	6		내사보고		배우자 실종신고 관련							
2	사경	7		내사보고(현장 탐문 및 CCTV 열람 등 수사)	경장 [illegible]	발생지 특정 경위							
3	사경	10		피해자 사진		피해자 사진							-
4	사경	12		현장 사진		현장 사진							
5	사경	15		모텔 CCTV		현장 관련							
6	사경	20		식당 결제내역		식당결제내역							
7	사경	21		모텔 내 CCTV 녹화영상 사본 CD									
8	사경	22		내사보고(피혐의자 인적사항 확인)	경장 [illegible]	피의자 특정 경위							
9	사경	27-41		진술조서	김○○	피해 진술							-
10	사경	49		진술조서(제2회)	김○○	〃							-

※ 증거의견 표시 – 피의자신문조서 : 인정 ○, 부인 × (여러개의 부호가 있는 경우, 성립/임의성/내용의 순서임)
– 기타 증거서류 : 동의 ○, 부동의 ×
※ 증거결정 표시 : 채 ○, 부 ×
※ 증거조사 내용은 제시, 내용고지
검찰 [illegible]

가해자가 범행을 부인하는 유형

① 성적 접촉 자체를 부인하는 유형

성관계나 신체접촉 자체가 없었다고 주장하는 경우다. 예를 들어, 만원 버스나 지하철에서 추행을 당했다고 신고한 사건에서 피해자가 다른 사람을 가해자로 착각한 것이라고 주장하는 경우일 수 있다.

② 성적 접촉은 인정하나 고의성이 없었다는 유형

성관계나 신체접촉은 인정하나 암묵적 동의가 있었거나 실수 때문이라고 주장하는 경우다. 가령 서로 동의하여 성관계를 한 것이라고 주장하거나, 추행의 경우 고의로 신체접촉을 한 것이 아니라 실수였다고 주장하는 경우다.

③ 기억나지 않는다는 유형

술을 많이 마셔서 성관계나 신체접촉 자체가 기억 나지 않는다고 주장하는 경우다. 구체적으로는 피해자가 말하는 성관계나 신체접촉이 아예 없었다고 주장할 수도 있고, 가해자가 심신상실 상태였다고 주장하는 경우일 수도 있다.

2

증인으로 부르면 나가야 하나?

성범죄 피해자가 미성년자거나 장애가 있는 경우에는, 굳이 증인으로 부르지 않고 대신 경찰조사에서 촬영한 영상녹화물을 법정에서 재생하는 방법으로 증인신문을 갈음하는 경우가 있다.

증인신문 과정에서 미성년자나 장애자에게 끼칠 정신적 충격 때문에 성범죄에서는 예외를 두고 있다. 하지만 판사가 보기에 영상으로도 피해자의 진술에 대한 확실한 신뢰가 들지 않을 경우 피해자를 증인으로 소환할 수 있다.

반면 성범죄 피해자가 성인일 때는 이런 예외가 없다. 따라서 피고인(가해자)이 범행을 부인할 경우 증인으로 출석해야 한다. 증인 소환에 불응하는 경우, 과태료나 구인 절차가 진행될 수 있다. 성범죄 가해자를 처벌시키기 위해 형사고소를 했다면 가해자가 현재 어떤 식으로 수사나 재판에 대응하는지 미리미리 확인하여 대비하는 게 바람직하다.

3

그래도 법정에 서는 게 두렵다면

성범죄 피해자의 경우 법정 증인신문과정에서 2차 가해가 발생할 수도 있다. 실제 2011년 6월 성폭행 사건 피해자인 20대 여성이 재판에서 증인으로 참석하여 판사로부터 평소 행실을 추궁당하자 억울함에 유서를 남기고 자살하는 사건이 발생했다.

이후 법원에서는 증인 지원 프로그램을 마련하여 성범죄 피해자가 증인으로 출석하고 증언하는 과정에서 심리적으로 안정을 취할 수 있도록 돕고 2차 피해를 입지 않도록 지원하고 있다.

성범죄 가해자를 대면한 상태에서 법정 증언을 하기 부담스럽다면, 일선 법원에 따라 다르겠지만 성범죄 가해자를 퇴정시킨 상태에서 증언도 가능하며, 법정이 아닌 화상증언실에서 비디오 중계장치를 통해 증언하는 것 역시 가능하다.

4

어떤 것들을 물어볼까?

증인신문 과정은 어떻게 진행될까? 먼저 검사가 개략적으로 성범죄 피해를 입은 내용에 관해 질문을 하고 답변을 듣는다. 이후 가해자(주로 변호사) 측에서 세부적으로 피해자에게 피해경위나, 피해 진술의 모순점 등에 관해 세세하게 질문하게 된다. 이후 판사가 몇 가지 질문을 하고 마무리되는 것이 보통이다.

검사는 이미 수사과정에서 진술한 피해진술 내용에 관해 개략적으로 물어보기에 큰 부담은 없다.

문제는 가해자 변호인의 반대신문이다. 그러나 변호인이라고 아무 질문이나 다 던지는 건 아니고, 피해자가 수사기관에서 진술한 내용을 토대로 질문을 한다. 왜냐하면 피해자의 진술이 그대로 증거로 채택되면 안 된다고 판단하기 때문이다. 그래서 진술에 모순이 있다, 일관성이 없다는 점을 공격하게 된다.

피해자의 진술이 믿을 만하다고 받아들여지려면 모순이 없어야 하고, 일관성이 유지되어야 한다. 특히 피해자 입장에서는 너무도 당연한 것이지만 일반상식에 비추어 모순되는 점이 발견되면 가해자 측 변호인은 이 점을 집중 공략하려고 할 것이다. 진술이 상식적인 수준에서 이해되지 않으면 판사가 의심을 하기 때문이다. 그래서 이런 점들을 물고 늘어지게 된다. 나아가 피해자의 진술뿐 아니라 관련자나 다른 증거와 모순되는 점이 없는지도 살펴서 반대신문을 펼친다.

필자는 성범죄 피해자를 변호하는 사건에서 당사자가 증인으로 출석을 앞두고 있으면, 사건의 쟁점, 예상되는 질문, 어떻게 답변해야 하는지, 강조해야 할 점이 무엇인지 미리 리뷰를 해준다. 그리고 아래 4가지 조언을 들려준다.

① 잘하려고 하면 오히려 잘 안 되는 것이 증인진술이다.

잘해야 한다는 강박관념을 가지고 있으면, 괜히 말을 만들고 질문에 답변하기보다 변명과 해명만이 앞설 수 있다. 피해 사실 등 피해자가 알고 있는 내용은 이미 경찰조사 과정에서 상세히 알렸다. 굳이 증언 과정에서 전에 했던 이야기를 다시 할 필요는 없다.

② 판사가 잘 모르는 것은 당연하다.

가해자가 범행을 부인할 경우 판사가 해당 성범죄 사건에서 알고 있는 정보는 검사의 공소장과 증거목록 및 가해자의 무죄주장이 담긴 가해자 측 변호인 의견서가 전부다. 아직 피해자에 대한 증인신문 전에는 피해자가 수사과정에서 어떻게 피해진술을 했는지 모른다. 따라서 재판과정에서 판사가 사실관계를 잘 모르는 것처럼 보이더라도 걱정할 필요는 전혀 없다.

③ 불리한 부분을 일부러 감추거나 자신에게 유리하게 추측해서 말하는 것은 전체적인 증언의 신빙성을 낮추게 된다.

성범죄 피해사실이 누가 봐도 당연하다면 가해자가 일부러 위험부담을 안고 범행을 부인하지 않을 것이다. 성범죄 사건에서는 관점에 따라 유리한 부분, 불리한 부분이 있을 수밖에 없다. 디테일에 너무 연연하지 말고 전체적으로 맞으면 충분하다. 따라서 애매한 부분을 굳이 자신에게 유리하게 답한다고 추측을 섞을 필요는 없다. 공연히 신빙성만 깎아먹는다.

④ 수사기관에서 했던 진술을 다시 읽어보고 꼭 숙지할 것

가해자 측 변호인은 증인으로 출석한 피해자에 대한 반대신문을 준비하면서 피해자의 진술을 모두 확인하고, 각 진술 간의 모순점과 비일관성 등을 찾게 된다. 그런데 최초 피해진술을 한 시점부터 형사재판의 증인으로 출석하기까지 길게는 1년 가까이 걸리기도 한다. 수사단계에서 어떻게 진술했는지 피해자 자신이 기억이 가물거릴 수 있다. 따라서 증인출석을 앞두고 있다면 피해자 본인이 진술한 내용들을 모두 찾아서 다시 읽어보고 숙지할 필요가 있다. 수사기록 중 피해자 본인의 진술이 포함된 내용은 경찰이나 검찰단계에서 열람, 복사가 가능하므로 미리 확보한다.

참고로, 피해자가 수사기관에서 진술한 것들은 최소한 2~3개 정도

된다. 우선, 1) 고소장 내지 피해신고서가 있고, 2) 경찰에서의 최초 피해진술 조서가 있을 것이다. 또한 3) 추가 피해진술 조서가 있을 수 있고, 4) 그 외 수사기관에서 전화로 진술을 받거나 했다면 관련 수사 보고서도 있을 수 있다. 5) 마지막으로 피해자가 가해자에 대한 엄벌을 요청한 진정서나 탄원서, 진술서 등이 있을 수 있다.

9
장

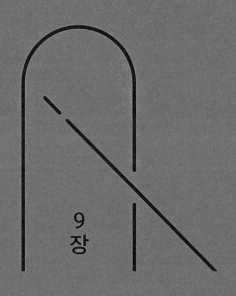

협의가 없다는 결정이 내려지면 어떻게 대응해야 할까?

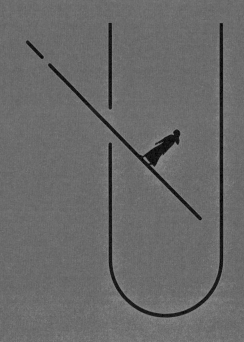

●

경찰에서 '혐의가 안 보이는데?' 하고 불송치결정을 내렸다. 혹은 검찰에는 송치했는데 검찰에서 '혐의가 없다'며 불기소처분을 내려 가해자에게 면죄부를 줬다. 나아가 검찰이 기소까지는 했는데 마지막 고비인 형사재판에서 가해자가 무죄판결을 받았다. 가까스로 유죄판결이 떨어졌는데 형벌이 생각보다 약했다. 이 4가지는 모두 피해자가 원하는 게 아닐 것 같다. 이럴 때는 어떻게 해야 할까? 각각의 대응법을 알아보자.

●

1

불송치결정, 불기소처분이 내려졌다

먼저 '불송치결정'부터 알아보자. 이건 2021년 1월 1일 개정된 형사 절차에 따라 새로 생긴 경찰의 권한이다. '불송치결정'이란 경찰에서 수사를 했으나 성범죄 혐의가 인정되지 않는다고 판단하면 검찰에 사건을 송치하지 않고 그대로 사건을 종결시키는 것을 말한다. 원래는 성범죄 혐의가 인정되든, 그렇지 않든 무조건 검찰로 사건을 보냈다.

이럴 때는 어떻게 할까? 앞에서 잠깐 언급했듯이 '불송치결정'이 내려지면 경찰서에 불송치이유서를 발급받아 고소인 등 피해자가 이의신청을 할 수 있고 그 경우 검사에게 기록이 송치되어 경찰이 불송치결정을 내린 게 합당한지 부당한지 판단한다.

그런데 검찰이 또 문제다. 사건을 전달받은 검찰은 재판에 넘길지(기소를 할지), 말지(불기소처분) 결정을 내리게 된다. 이때 기소하지 않는 것, 즉 불기소처분이 문제가 되는데 이 처분을 내리는 사유는 앞서 보았듯이 세 가지 사유가 있다. 1) 무혐의, 2) 공소권 없음, 3) 기소유예다.

1) 무혐의 처분은 검사가 보기에도 사건이 무죄인 경우를 말한다. 2) 공소권 없음 처분은 친고죄인데 피해자가 고소를 취소한 경우나, 공소시효가 만료된 경우다. 이런 경우에는 기소를 하더라도 법원에서 법률상 이유로 판단해주지 않는다. 단, 모든 성범죄에 대한 친고죄가 폐지되었으므로 피해자의 고소취소로 공소권 없음 불기소처분을 내리는 경우는 사실상 없다고 보면 옳겠다. 3) 기소유예 처분은 범죄혐의가 있어 기소할 수 있지만 피의자가 초범이고 죄를 반성하고 피해자와 원만히 합의한 경우 등 여러 사정을 감안하여 기소하지 않고 용서해주는 처분이다.

2

불기소처분이 내려지면 어떻게 해야 하나?

검찰에서 기소할지 불기소할지 결정을 마치면 그 처분결과를 성범죄 피해자에게도 통지해준다. 그런데 원치 않게 불기소처분이 떨어졌다면 어떻게 대응해야 할까?

첫째, 불기소이유서 발급받기

'불기소통지서'만으로는 가해자에 대해 불기소한 이유를 알 수 없다. 따라서 검사가 불기소를 한 이유를 정확히 파악하는 것이 중요한데 이를 위해서는 검찰청 민원실을 방문하여 '불기소이유서'를 발급받아 확인하는 것이 중요하다. 검사의 불기소이유서는 법원으로 말하자면 무죄판결문과 같다.

불기소이유서에는 범죄혐의 사실이 적혀 있고, 가해자와 피해자가 수사기관에서 어떻게 진술했는지 등이 요약하여 적혀 있으며, 이를 바탕으로 수사한 결과 어떠어떠한 이유로 불기소처분을 내렸다고 적혀 있다.

실제 사건 불기소이유서

아래는 실제 강제추행 사건의 불기소이유서다. 증거가 불충분하여 '혐의 없음' 불기소처분을 내렸다. 불기소이유는 별지참조라고 기재되어 있다.

문서확인번호 [redacted]

발행번호 [redacted]

서울중앙지방검찰청

(전화번호 1301)

분류기호 및 문서번호　　　　2020. [redacted]

수 신 [redacted]　　　　발 신 서울중앙지방검찰청

제 목 불기소이유통지

귀하가 청구한 불기소이유를 아래와 같이 통지합니다.

① 사 건 번 호		서울중앙지방검찰청 2020형제[redacted]
② 고 소 인 성 명		
피의자 (피고소인)	③ 성 명	[redacted]
	④주민등록번호	[redacted]
⑤ 죄 명		가.강제추행
⑥ 처 분 검 사		[redacted]
⑦ 처 분 년 월 일		2020. [redacted]
⑧ 처 분 요 지		가-혐의없음(증거불충분)
⑨ 불 기 소 이 유		별지 참조
⑩ 비 고		

[redacted]

1 / 1

아래와 같이 별지를 보면 "Ⅳ. 피의사실과 불기소이유" 란에서 구체적인 피의사실 요지와 불기소이유를 기재하도록 되어 있는데, 피의사실 요지는 사법경찰관 의견서 기재 범죄사실과 같다고 인용하고 있고, 불기소이유 역시 사법경찰관 작성 의견서 기재 이유와 같다고 기재하면서, 이에 더해 불기소이유를 추가로 기재하고 있다.

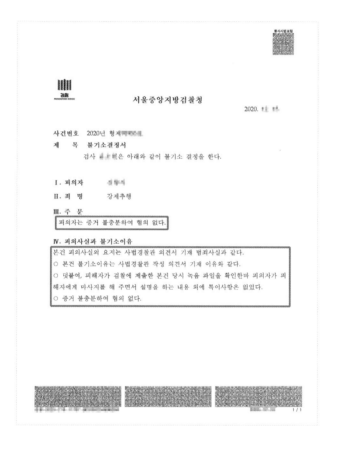

서울중앙지방검찰청

2020. [redacted]

사건번호 2020년 형제[redacted]

제　　목 **불기소결정서**

검사 [redacted]은 아래와 같이 불기소 결정을 한다.

Ⅰ. 피의자 [redacted]

Ⅱ. 죄　명 강제추행

Ⅲ. 주　문

피의자는 증거 불충분하여 혐의 없다.

Ⅳ. 피의사실과 불기소이유

본건 피의사실의 요지는 사법경찰관 의견서 기재 범죄사실과 같다.

○ 본건 불기소이유는 사법경찰관 작성 의견서 기재 이유와 같다.

○ 덧붙여, 피해자가 검찰에 제출한 본건 당시 녹음 파일을 확인한바 피의자가 피해자에게 마사지를 해 주면서 설명을 하는 내용 외에 특이사항은 없었다.

○ 증거 불충분하여 혐의 없다.

1 / 1

둘째, 검찰항고 진행하기

성범죄 피해자는 불기소통지를 받은 때로부터 30일 이내에 관할고등검찰청에 검찰항고를 할 수 있다. 다만 항고장은 불기소처분을 한 지방검찰청에 제출해야 한다. 항고장에는 검사의 불기소처분이 왜 잘못된 것인지 법률적 이유를 들어 적어야 하는데, 이 부분은 성범죄 피해자 국선변호사나 관련 법률전문가의 도움을 받아서 작성하는 것이 바람직하다.

항고의 이유가 충분히 소명되면 지방검찰청에서 자체적으로 재수사를 할 수도 있고, 고등검찰청에서 재수사명령 내지 기소명령을 내릴 수도 있다.

실제 사건 항고기각 결정문

검찰에서 혐의 없음 불기소처분을 내리자 이에 불복하여 고소인(피해자)이 검찰항고를 했으나 이마저도 항고기각이 된 사건의 결정문이다.

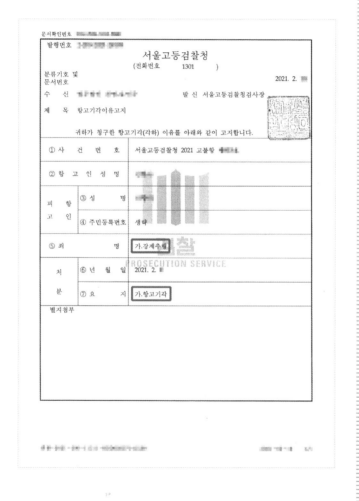

문서확인번호 [redacted]

발행번호 [redacted]

서울고등검찰청

(전화번호 1301)

분류기호 및 문서번호

2021. 2. [redacted]

수 신 [redacted]

발 신 서울고등검찰청검사장

제 목 항고기각이유고지

귀하가 청구한 항고기각(각하) 이유를 아래와 같이 고지합니다.

① 사 건 번 호		서울고등검찰청 2021 고불항 [redacted]
② 항 고 인 성 명		[redacted]
피항고인	③ 성 명	[redacted]
	④ 주민등록번호	생략
⑤ 죄 명		가.강제추행
처분	⑥ 년 월 일	2021. 2. [redacted]
	⑦ 요 지	가.항고기각

별지첨부

[redacted]

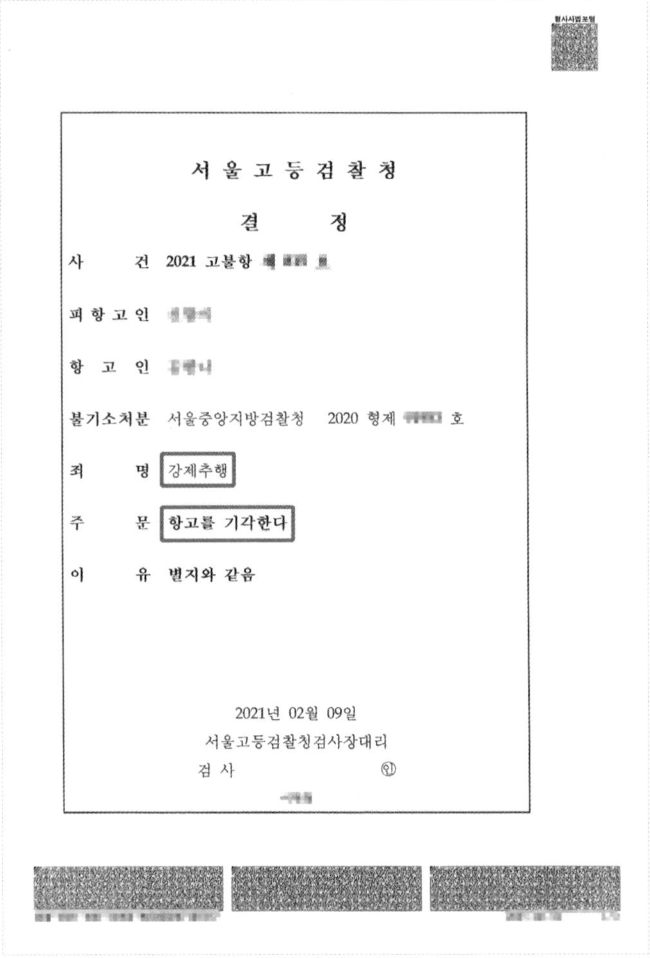
형사사법포털

서울고등검찰청

결 정

사 건 2021 고불항 [redacted]

피항고인 [redacted]

항 고 인 [redacted]

불기소처분 서울중앙지방검찰청 2020 형제 [redacted] 호

죄 명 강제추행

주 문 항고를 기각한다

이 유 별지와 같음

2021년 02월 09일

서울고등검찰청검사장대리

검 사 ㊞

[redacted]

아래 항고기각 이유서를 보면 불기소처분을 내린 검사의 불기소 결정서에 기재된 것과 같은 이유로 기각한다는 내용이 기재되어 있다. 이 글은, 검찰항고를 기각할 경우 전형적으로 기재하는 문구다.

형사사법포털

이 유 서

이 항고사건의 피의사실 및 불기소 이유의 요지는 불기소처분 검사의 불기소 결정서 기재와 같아 이를 원용하고, 항고청 담당검사가 새로이 기록을 살펴보아도 원 불기소처분이 부당하다고 인정할 자료를 발견할 수 없으므로 주문과 같이 결정한다.

[redacted]

셋째, 관할 고등법원에 재정신청 및 대법원에 재항고 진행하기

검찰항고도 기각되었다면, 성범죄 피해자 입장에서는 대검찰청에 재항고를 할 수도 있지만, 검찰에 다시 의견을 물어봤자 실익이 없을 수 있으므로 검찰항고 기각결정을 받은 때로부터 10일 이내에 검찰이 아닌 *관할 고등법원에 재정신청을 할 수도 있다(고등검찰청이 있는 곳에는 그에 대응하여 고등법원이 있는데, 가령 서울고등검찰청에 항고를 하였다면, 서울고등법원에 재정신청을 해야 한다.). 다만 재정신청서는 항고기각결정을 내린 고등검찰청에 제출한다.

고등법원은 재정신청을 받으면 검찰의 불기소처분이 합당한지 부당한지 판단하여 이유가 없다면 기각하고, 부당하다면 기소결정을 내린다. 기소결정을 내리면 자동으로 형사재판이 진행된다.

다만 재정신청 내용 가운데 일부를 기각하는 경우가 있는데 이때 기각된 부분에 대해 7일 이내에 대법원에 재항고를 할 수 있으며 마찬가지로 재정신청 기각이 타당한지 여부를 판단하게 된다.

재정신청이나 재항고기간은 10일, 7일로 짧다. 하지만 검찰항고의 이유나 재정신청의 이유는 사실상 동일한 것이므로 기간은 크게 문제되진 않는다. 실제 검찰항고를 기각하는 결정서를 보면 구체적인 이유가 적혀 있지 않기 때문에 따로 준비할 건 없고, 검찰항고 때 적은 문구를 그대로 적어서 재정신청서에 적으면 된다(물론 그 사이 새로 찾아낸 게 있다면 당연히 첨부한다.).

실제 사건의 재정신청 결정문

아래는 재정신청을 받은 고등법원에서 작성한 결정문이다. 주문을 보면 일부 사건은 공소제기가 결정되었고, 나머지 사건은 기각되었다. 아래 결정문의 '이유'에 불기소처분의 어떤 점이 합당한지, 부당한지 판단하는 내용이 기재된다.

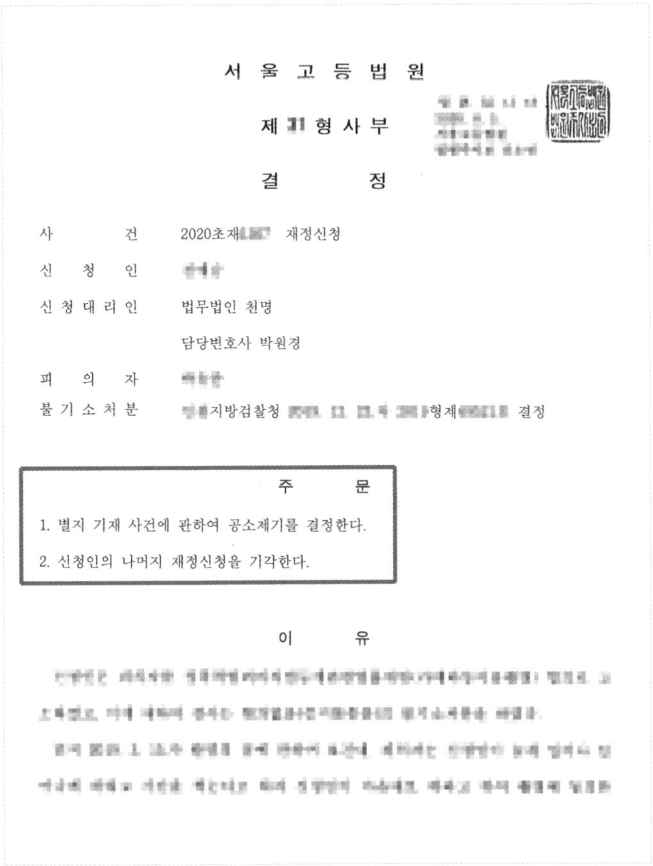

서 울 고 등 법 원

제[redacted]형 사 부

[redacted]

결 정

사 건	2020초재[redacted] 재정신청
신 청 인	[redacted]
신 청 대 리 인	법무법인 천명
	담당변호사 박원경
피 의 자	[redacted]
불 기 소 처 분	[redacted]지방검찰청 [redacted]형제[redacted] 결정

주 문

1. 별지 기재 사건에 관하여 공소제기를 결정한다.
2. 신청인의 나머지 재정신청을 기각한다.

이 유

[redacted]

결정문의 마지막에는 검사의 공소장에 해당하는 내용이 적힌다(공소제기 대상사건). 이곳에 피고인의 인적사항, 죄명(적용법조) 및 범죄사실을 기재하게 된다.

공소제기 대상사건

피고인

[redacted]

주민등록번호 : [redacted]

주　　　거 : [redacted]

등록기준지 : [redacted]

죄명(적용법조)

성폭력범죄의 처벌에 관한 특례법 [redacted]

범죄사실

[redacted]

[redacted]

3

법원에서 무죄가 나왔다면

재판까지는 왔는데 무죄가 나왔다. 무죄판결이 나오면 이때도 피해자는 항소를 할 수 있을까? 절차상 항소는 검사만 할 수 있다. 형사재판의 당사자는 검사와 피고인 및 그 변호인이기 때문이다. 그러나 너무 걱정할 필요는 없다. 무죄의 이유에 따라 일부 다를 수 있겠으나 무죄가 판결되면 거의 대부분의 검사는 항소한다. 왜냐하면 검찰에서는 유죄라고 판단해서 기소했기 때문이다(성범죄 피해자의 증언이나 새롭게 확인된 증거를 통해 무죄로 밝혀진 경우라면 항소하지 않을 수도 있으나, 이럴 경우는 거의 없다.). 법원에서 무죄가 판결되면 피해자는 무얼 해야 할까? 일단 공판검사에게 연락하거나 면담을 통해 항소할지 말지 여부를 확인한다. 만일 검사가 항소를 포기하겠다고 말하면 성범죄 피해자로서 항소를 희망한다는 의사를 명확히 밝힐 필요가 있다. 또한 그러한 뜻을 서류로 밝히는 것도 도움이 될 것이다.

4

형벌 수위가 기대치를 밑돈다면

성범죄를 수사한 검사는 기소를 하면서 가해자에게 얼마 정도의 형벌을 선고해달라고 법원에 요청한다. 이를 '구형' 또는 '구형의견'이라고 하는데 형사재판을 마치기 전, 즉 선고 전에 구두로 밝힌다. 가령 '징역 3년을 선고해달라'고 구형하는 것이다. 그런데 법원에서는 구형량보다 턱없이 적은 벌금형이나 집행유예를 선고하는 경우가 있다.

형량을 결정할 때는 1) 피고인에게 감형의 여지가 있었거나 2) 참작될 여러 사정을 감안하게 되는데 검찰은 자신들의 구형량에서 1/2 이하로 선고될 경우 항소하는 것을 원칙으로 하고 있다.

다만, 만일의 상황에 대비해 가해자에게 너무나도 경미한 형이 선고된 경우라면 공판검사에게 항소 여부를 묻고 만일 포기할 예정이라면 항소를 해달라고 요청하는 게 좋다.

10 장

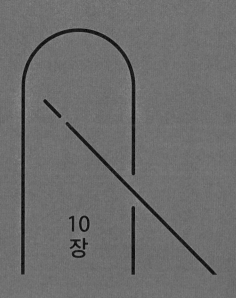

손해배상을 위한 민사소송, 어떻게 해야 할까?

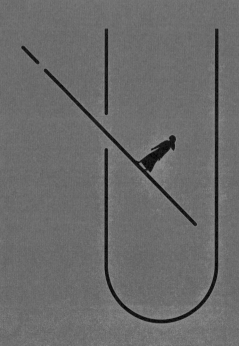

●

성범죄, 성희롱 피해자임에도 가해자로부터 적절한 피해배상이나 합의금 등을 받지 못했다면 피해자 스스로 나서서 가해자에게 민사상 손해배상청구를 할 수밖에 없다. 성범죄, 성희롱은 당연히 피해자의 성적 자기결정권을 침해하는 민사상 불법행위이므로 금전으로 손해를 배상할 의무가 있기 때문이다(성희롱의 경우, 형사소송을 걸 수 없다. 그러나 민사소송은 가능하다.).

●

1

민사소송 진행에 대한 고민들

성범죄, 성희롱 피해를 당한 것도 힘든데 피해자 스스로 가해자를 상대로 손해배상까지 청구해야 한다면 얼마나 억울하고 답답하겠는가? 막상 민사소송을 떠올리면 뒤따라오는 고민들이 있다. 우선 그 고민들부터 해소해보자.

① 혹시 합의를 거부하고 민사소송을 걸었다가 가해자가 보복하면 어쩌지?

성범죄 수사나 형사재판 도중, 혹은 성희롱에 대해 소속기관의 징계절차 도중 가해자로부터 합의요청을 받았는데, 여러 이유로 거절하고 나중에 민사상 손해배상청구 소송을 진행하면 혹시라도 악감정을 품은 가해자나 그 주변인들로부터 위해를 당하지 않을까 걱정될 수도 있다.

하지만 가해자가 피해자에게 위협을 가하는 행위는 '특정범죄 가중처벌 등에 관한 법률'에서 정한 '보복범죄'가 되어 1) 기존 성범죄나 성희롱보다 훨씬 가중처벌 되고, 2) 이전 성범죄 수사나 재판 때와는 달리 곧바로 구속되는 등 중하게 처리된다. 아래 규정에서 볼 수 있듯이 정당한 사유 없이 면담을 강요한 행위조차 보복범죄로 규정하고 있다.

〈관련규정〉

특정범죄가중처벌등에관한법률 제5조의9(보복범죄의 가중처벌 등)

① 자기 또는 타인의 형사사건의 수사 또는 재판과 관련하여 고소·고발 등 수사단서의 제공, 진술, 증언 또는 자료제출에 대한 보복의 목적으로 「형법」 제250조제1항(살인)의 죄를 범한 사람은 사형, 무기 또는 10년 이상의 징역에 처한다. 고소·고발 등 수사단서의 제공, 진술, 증언 또는 자료제출을 하지 못하게 하거나 고소·고발을 취소하게 하거나 거짓으로 진술·증언·자료제출을 하게 할 목적인 경우에도 또한 같다.

② 제1항과 같은 목적으로 「형법」 제257조 제1항(상해)·제260조 제1항(폭행)·제276조 제1항(체포·감금) 또는 제283조 제1항(협박)의 죄를 범한 사람은 1년 이상의 유기징역에 처한다.

③ 제2항의 죄 중 「형법」 제257조 제1항(상해)·제260조 제1항(폭행) 또는 제276조 제1항(체포·감금)의 죄를 범하여 사람을 사망에 이르게 한 경우에는 무기 또는 3년 이상의 징역에 처한다.

④ 자기 또는 타인의 형사사건의 수사 또는 재판과 관련하여 필요한 사실을 알고 있는 사람 또는 그 친족에게 정당한 사유 없이 면담을 강요하거나 위력(威力)을 행사한 사람은 3년 이하의 징역 또는 300만원 이하의 벌금에 처한다.

② 가해자가 내 개인정보를 알 수 있다는데

민사소송을 진행할 경우 피해자가 원고, 가해자가 피고가 되어 소장을 작성하여 법원에 제출해야 하는데, 민사소장에는 피해자인 원고의 이름, 주민등록번호, 주소 등 인적사항을 적어야 한다. 이 때문에 민사소송을 꺼리는 경우가 있다. 특히 가해자와 모르는 사이였다면 더욱 걱정스러울 수밖에 없다.

다행스런 점은, 최근에는 신원노출 피해를 최소한으로 할 수 있는 방법이 생겼다. 민사소송 소장을 법원에 제출하면서 1) 성범죄 피해로 인한 손해배상 청구사건임을 밝히고, 2) 피고에게 소장을 송달할 때 원고의 인적 사항을 가린 채 가해자인 피고에게 송달하여 줄 것을 요청할 수 있다. 또한 앞서 본 바와 같이 민사소송을 통해 알게 된 피해자의 신원을 바탕으로 부적절한 접촉시도 자체가 보복범죄로 가중처벌이 될 수 있다.

③ 민사소송을 하면 비용이 발생한다는데

금전 지급을 청구하는 민사소송의 경우, 청구액(얼마의 금전을 손해배상액으로 지급하라)에 따라 인지대와 송달료를 납부해야 소송을 진행할 수 있다. 송달료는 우편비용으로, 미리 돈을 냈다가 소송이 종결될 때, 남은 금액은 돌려받는다. 또한 청구액(소가)에 따라 승소 및 패소에 따른 변호사 보수로 인정될 금액도 달라진다. 다만 변호사 비용은 실제 지출한 금액이 아니라 소가에 따라 일정한 금액 내에서만 인정된다. 원고와 피고가 각 1명인 경우 대략적인 소가에 따른 인지, 송달료, 변호사 보수 금액은 아래와 같다. 변호사 보수의 경우 2심, 3심의 경우라 하더라도 금액기준은 동일한데, 인지액은 더 할증이 되어 늘게 된다.

<민사소송 소가별 인지, 송달료, 변호사 보수>

(단위 : 원)

소가	인지액	송달료	변호사보수
2천만 원	95,000	102,000	2,000,000
5천만 원	230,000	153,000	4,400,000
1억 원	455,000	153,000	7,400,000
2억 원	855,000	153,000	10,400,000

예를 들어 금 5천만 원의 손해배상을 청구하는 민사소송을 제기하면서 변호사 선임료로 5,500,000원을 지출했다면 인지액으로 230,000원, 송달료로 153,000원을 납부해야 하며, 전액 승소하여 확정되었다면 소송비용확정절차를 통해 패소자에게 위 인지액과 송달료 외에도 변호사 보수로 4,400,000원을 청구할 수 있다. 소송비용확정절차를 통해 상환받을 변호사 보수가 5,500,000원 전액이 아닌 4,400,000원인 점을 유의할 필요가 있다.

그런데 성범죄 피해를 입고 1억 원의 손해배상을 청구하는 민사소송을 제기했는데 그 중 1/5인 2천만 원 배상판결이 1심에서 선고되어 확정된 경우라면 총 소송비용의 4/5는 원고가, 1/5은 피고가 부담하게 된다. 구체적으로 계산하면 아래와 같다.

소송비용 상환 계산식

총 소송비용 = 원고 지출비용(인지, 송달료, 변호사보수) + 피고 지출비용(변호사보수)

15,408,000 = 455,000 + 153,000 + 7,400,000 + 7,400,000

- 총 소송비용 중 1/5에 해당하는 3,081,600원을 피고가 부담해야 하는데 피고는 변호사를 선임하며 7,400,000원을 부담했다. 피고로서는 더 비용을 지출한 게 되므로 원고가 피고에게 4,318,400원을 지급해야 한다.
- 물론 1/5에 대해서 승소를 했으므로 원고는 피고로부터 2천만 원을 받아야 한다.
- 지금까지 액수를 대강 계산해 보면 최종적으로 원고가 받게 되는 돈은 승소로 결정된 2천만 원에서 소송비용을 제외한 750만 원 정도다.

* 지급이 지연될 때는 이자가 붙는다 : 참고로 불법행위로 인한 손해배상 채무는 불법행위일로부터 지급책임이 있다고 보아 불법행위 당일로부터 연 5%의 비율에 의한 지연손해금이 붙게 된다. 그 외에도 판결을 통해 지급이 명해지는 금전채무의 경우 소송촉진등에관한특례법상 판결선고일부터 연 12%의 비율에 의한 가산지연손해금이 붙게 된다. 하지만 소가산정 및 이에 따른 인지액, 송달료, 변호사보수는 손해배상원금만을 기준으로 하고 있다.

따라서 무조건 거액을 청구하는 것이 능사가 아니다. 법원에서 어느 정도 손해배상액을 인정해 줄지 합리적으로 접근해 손해배상을 청구해야 한다. 반대로 적절한 금액으로 손해배상을 청구한다면 나중에 가해자인 피고로부터 인지, 송달료, 변호사보수까지 모두 받아낼 수 있다. 실제 형사판결에서 유죄판결이 확정된 경우 민사소송에서도 그대로 손해배상 책임이 인정되기 때문에 승소는 큰 문제가 아니다. 대신 손해배상액을 적절히 산정하는 문제만 남는다.

한편, 민사소송에 들어가는 최소한의 비용도 부담된다면 대한법률구조공단 등 피해자 지원기관에서 무료법률구조 사업을 통해 인지, 송달료와 변호사선임 등을 지원하기도 하니 고려해 보자.

③ 형사처벌이면 충분하지 굳이 민사소송까지 해야 할까?

둘은 다르다. 형사처벌은 사회 질서를 해친 데 대한 제재로 그 이득은 '공동체'가 얻게 된다. 반면 민사의 이익은 피해자가 얻게 된다. 민사소송만이 피해자의 구제책이 된다.

교통사고와 같이 고의가 아닌 과실로 인한 잘못에 대해서도 손해배상을 청구하는데, 하물며 고의로 인한 성범죄에 대해 손해배상 청구를 머뭇거릴 이유는 전혀 없다. 오히려 이러한 사회적 인식 자체가 잘못된 것이고 개선되어야 하는 게 아닌지 싶다.

달리 보면, 민사소송을 포기하는 행위는 가해자의 민사상 배상책임을 면죄해주는 일이 된다. 아래에서 자세히 살펴보겠지만, 불법행위로 인한 손해배상청구권은 불법행위를 안 날로부터 3년이면 소멸시효가 완성되어 법적으로 아예 청구를 할 수 없다. 실제로 그런 일도 정말

많은 것으로 알고 있다. 여러 어려움이 있겠지만 민사소송을 통해 어느 정도라도 피해 회복을 꾀하자.

2

민사소송 시작 전에 알고 있어야 할 것들

첫째, 어떤 경우에 민사소송을 할 수 있을까?

법률적으로 표현하면 '민사소송 대상의 문제'가 된다. 불법행위로 인한 손해배상 청구 민사소송을 진행하려면 다음 두 가지가 확인되어야 한다. 1) 성범죄, 성희롱 등 불법행위임이 입증되어야 하고(그래야 손해배상책임이 인정된다.), 2) 별도로 손해배상액도 입증해야 한다.

성범죄나 성희롱 사실 자체를 수사나 징계절차 없이 입증하는 것은 결코 쉽지 않다. 가해자가 그와 같은 사실 자체를 부인할 경우 일일이 증거를 찾아 제출해야 하기 때문이다. 그래서 형사고소나 징계절차를 통해 가해자의 성범죄나 성희롱 사실을 확정 짓는 과정이 필요하다. 특히 형사상 유죄판결이 된 경우라면 민사소송에서도 손쉽게 불법행위임을 입증할 수 있다(유죄판결문 자체가 범죄 사실을 증명하는 증서가 된다.). 나아가 형사상 유죄판결 외에도 범죄혐의가 있다는 전제에서 검사의 기소유예 불기소처분이 된 경우 역시 민사소송을 진행함에 있어 크게 문제가 되지 않는다(기소유예 불기소처분은 혐의는 인정되나 기타 사정으로 기소하지 않는 경우를 말한다. 기소하지 않았다고 죄가 없다는 뜻이 아니다. 그래서 기소유예 불기소처분으로 민사소송을 진행해도 승소할 수 있다.).

한편 검사가 무혐의 불기소처분을 내렸거나 혹은 형사상 무죄판결이 된 경우에는 어떻게 될까? 성범죄 혐의가 없다는 것이니 민사소송을 진행할 수 없는 거 아닌가? 하지만 형사상 범죄가 아니라고 하더라도 피해자의 성적 자기결정권을 침해하는 행위(성희롱이 대표적)는 민사상 불법행위에 해당할 수 있다. 따라서 검사의 무혐의 불기소처분이나 형사상 무죄판결문 및 관련기록을 상세히 살펴보아 민사상 불법행위로 입증될 수 있는 부분에 있어서는 가해자를 상대로 민사소송을 제기할 수 있다.

형사상 성범죄는 아니지만 민사상 불법행위에 해당되는 사례

서울중앙지방법원 2018가단5077483 손해배상(기) 판결 사안

미혼이던 원고(당시 26세 미혼여성)는 2016년 3월 초부터 2016년 9월 말까지 결혼을 전제로 피고(82년생 유부남)와 교제하며 성관계를 하였고 헤어지기 전에는 임신을 하여 중절수술까지 했다. 이후 피고의 배우자로부터 불륜으로 인한 위자료청구를 당하기도 했으며, 이에 원고는 피고를 상대로 유부남인 사실을 숨기고 결혼을 전제로 성관계를 한 점에 비추어 성적 자기결정권을 침해하였다며 불법행위로 인한 손해배상 청구를 한 사건이었다.

법원은 피고의 기망행위(속인 행위)는 단순히 윤리적 또는 도덕적 비난에 그치는 문제가 아니라 원고의 성적 자기결정권을 침해하는 불법행위로 판단하고, 위자료 손해배상으로 금 1,500만 원을 인정했다.

이 사건은 피해자인 원고가 별도로 형사고소를 하지 않았다. 실제로 형사고소를 했다면 어땠을까? 위계(속이는 행위)에 의한 간음죄를 고려할 수 있겠지만 1) 원고가 미성년자도 아니고 2) 그렇다고 피고와 업무상 고용 기타 관계로도 볼 수 없기 때문에 형사상 유죄가 나오기 어려운 사건이었다. 하지만 원고가 유부남인 사실을 속이지 않았다면 피고가 성관계에 응했을 리가 없었던 점에서 피고의 성적 자기결정권을 침해했다고 보아 불법행위로 인한 손해배상 청구를 인정한 것이다.

둘째, 누구를 상대로 민사소송을 제기해야 할까?

당연히 가해자를 피고로 하여 민사소송을 제기할 수 있다. 이밖에도 성범죄 범행에 가담하여 공범으로 유죄판결을 받은 사람도 모두 피고로 넣을 수 있다. 그런데 아래와 같은 경우는 애매하므로 고민이 필요하다. 특히 가해자가 손해배상을 할 재산이 없을 경우, 가해자 외에 자력이 있는 제3자를 피고로 넣을 필요성이 생긴다. 그럼, 어떤 경우가 가해자가 경제력이 없는 경우이고, 어떤 사람을 피고로 넣을 수 있을까?

① 미성년자의 경우 : 그 부모 등 보호자

성범죄 당시 가해자가 미성년자일 경우 불법행위로 인한 손해배상 책임능력이 있는지 개별적으로 살펴보는데, 대략 만 10~15세 정도라면 불법행위 책임능력이 없다고 판단할 가능성이 크다.

참고로 형사책임능력과 관련해서 가해자가 만 14세 미만의 경우 형사미성년자로서 형사책임이 아예 인정되지 않으며, 만 12세 이상이라면 소년범으로서 소년재판을 통해 교육이나 사회봉사 등 보호처분을 받게 된다. 또한 만 14세 이상이라도 미성년자라면 중한 성폭력 범죄가 아닌 이상 역시 소년범 처리절차로 처리할 가능성이 높다.

이 경우에는 미성년자의 보호자인 부모가 감독의무자로서 손해배상 책임이 인정되므로 민사소송을 할 때 피고로 미성년자를 포함하거나 아니면 미성년자를 제외하고 그 부모만을 피고로 삼는다. 특히 미성년자가 가해자인 경우 손해배상 자력의 문제도 있으므로 당연히 피고로 보호자(부모)를 넣어야 한다.

② 성인인 경우 : 그 소속회사나 소속기관

민사책임은 자기책임의 원칙상 행위당사자가 아닌 제3자가 책임을 지지 않는다. 그런데 성범죄 범행 자체가 1) 소속회사나 기관의 직무와 관련된 행위일 경우, 2) 행위 당사자를 고용하거나 지시, 감독한 소속회사나 기관을 공동불법행위자로 넣을 수 있다. 일반적으로 가해자는 개인으로서 자력이 없거나 부족할 수 있지만 소속 회사나 기관의 경우 이런 문제가 없기 때문이다.

예를 들어 택시회사에 소속된 택시기사가 운행 도중 손님인 피해자를 추행한 경우라면 직무관련성이 있으므로 택시회사도 소속 직원인 택시기사로 하여금 불법행위를 하지 않도록 감독할 의무를 위반한 것이 되어, 손해배상책임을 함께 지게 된다. 또 공무원이 출장 중 다른 공무원을 상대로 성범죄를 저지른 경우, 직무관련성이 있으므로 당연히 공무원이 소속된 국가나 지방자치단체도 손해배상책임을 함께 지게 된다.

이와 같이 소속회사나 기관이 가해자와 같이 배상책임을 지게 되면 피해자인 원고는 피고 중 누구를 상대로도 손해배상을 받을 수 있게 되고, 소속 회사나 기관으로부터 손해배상을 받은 경우 소속 회사나 기관은 해당 직원 내지 공무원을 상대로 구상청구를 하여 손해배상액을 가해자로부터 받아낼 수 있다.

위 두 가지 사례는 택시기사로서 택시영업 중이거나 공무원으로서 공식 출장 중에 저지른 행위이므로 직무관련성이 당연히 인정된 경우다. 반면 택시기사가 택시 영업이 아닌 영업 외 시간에 개인적으로 성범죄를 저지르거나, 공무원이 출장 중이긴 하나 업무 외의 시간에 민간인에게 성범죄를 저질렀다면 직무관련성이 인정되지 않아 소속회사나 기관을 상대로 한 손해배상청구는 인정되기 어려울 수 있다.

: 관련 조문 :

민법 제756조(사용자의 배상책임)

① 타인을 사용하여 어느 사무에 종사하게 한 자는 피용자가 그 사무집행에 관하여 제삼자에게 가한 손해를 배상할 책임이 있다. 그러나 사용자가 피용자의 선임 및 그 사무감독에 상당한 주의를 한 때 또는 상당한 주의를 하여도 손해가 있을 경우에는 그러하지 아니하다.

② 사용자에 갈음하여 그 사무를 감독하는 자도 전항의 책임이 있다.

③ 전2항의 경우에 사용자 또는 감독자는 피용자에 대하여 구상권을 행사할 수 있다.

* 1번 규정에 의하면 사용자인 회사가 피용자의 선임, 감독상 상당한 주의를 기울인 경우 사용자로서의 배상책임을 면할 수 있는 것처럼 규정하고 있으나, 실제 판례상으로는 거의 인정된 바가 없다.

국가배상법 제2조(배상책임)

① 국가나 지방자치단체는 공무원 또는 공무를 위탁받은 사인(이하 "공무원"이라 한다)이 직무를 집행하면서 고의 또는 과실로 법령을 위반하여 타인에게 손해를 입히거나, 「자동차손해배상 보장법」에 따라 손해배상의 책임이 있을 때에는 이 법에 따라 그 손해를 배상하여야 한다. 다만, 군인·군무원·경찰공무원 또는 예비군대원이 전투·훈련 등 직무 집행과 관련하여 전사(戰死)·순직(殉職)하거나 공상(公傷)을 입은 경우에 본인이나 그 유족이

다른 법령에 따라 재해보상금·유족연금·상이연금 등의 보상을 지급받을 수 있을 때에는 이 법 및 「민법」에 따른 손해배상을 청구할 수 없다. 〈개정 2009. 10. 21., 2016. 5. 29.〉

② 제1항 본문의 경우에 공무원에게 고의 또는 중대한 과실이 있으면 국가나 지방자치단체는 그 공무원에게 구상(求償)할 수 있다.

: 관련 판례 :

사용자의 배상책임을 규정한 민법 제756조 소정의 "그 사무집행에 관하여"라 함은 사용자의 사업집행 자체 또는 이에 필요한 행위뿐만 아니라 이와 관련된 것이라고 일반적으로 보여지는 행위는 설사 그것이 피용자의 이익을 도모하기 위한 경우라도 이에 포함된다고 보아야 할 것이므로 택시회사의 운전수가 택시의 승객을 태우고 운행중 차속에서 부녀를 강간한 경우 위 회사는 사용자로서 손해배상책임이 있다.

(출처 : 대법원 1991. 1. 11. 선고 90다8954 판결 〔손해배상(기)〕 〉 종합법률정보 판례)

셋째, 언제까지 민사소송을 걸 수 있을까?

친고죄의 경우 형사고소를 할 수 있는 고소기간이 있고, 범죄발생

종료 이후 공소제기를 할 수 있는 기한으로 공소시효가 있듯이 민사상 손해배상 청구의 경우에도 권리를 행사할 수 있는 기한이 있다. 이를 소멸시효기간이라고 한다.

: 관련 규정 :

민법 제766조(손해배상청구권의 소멸시효)

① 불법행위로 인한 손해배상의 청구권은 피해자나 그 법정대리인이 그 손해 및 가해자를 안 날로부터 3년간 이를 행사하지 아니하면 시효로 인하여 소멸한다.

② 불법행위를 한 날로부터 10년을 경과한 때에도 전항과 같다.

③ 미성년자가 성폭력, 성추행, 성희롱, 그 밖의 성적(性的) 침해를 당한 경우에 이로 인한 손해배상청구권의 소멸시효는 그가 성년이 될 때까지는 진행되지 아니한다.

민사상 불법행위로 인한 손해배상청구는 불법행위로 인한 '손해 및 가해자를 안 날'로부터 3년간 이를 행사하지 않으면 시효로 소멸하고, 불법행위를 한 날로부터도 10년이 경과하면 역시 소멸한다. 둘 중 어느 하나의 기간만 만료되어도 소멸시효는 완성되었다고 본다. 다만, 미성년자가 성폭력, 성추행, 성희롱, 그 밖의 성적 침해를 당한 경우 이로 인한 소멸시효는 성년이 될 때까지는 진행되지 않고 성년이 된 이후 진행되도록 규정하고 있다.

통상 성범죄 발생일로부터 기산하여 3년 내에 구체적인 손해배상 청구 민사소송을 제기하여야 한다고 생각하면 크게 문제되진 않는다. 다만, 너무 임박할 경우에는 가해자에게 손해배상을 지급하라는 내용증명을 보낼 수도 있고, 이 경우 법률상 최고를 하였다고 보아 그로부터 6개월 이내에 민사소송을 제기하면 총 3년의 시효기간이 지났더라도 시효로 인한 청구제한을 받진 않는다. 그 외에도 가해자의 재산에 대해 압류, 가압류, 가처분 등을 해놓으면 그 역시 민사소송을 제기하지 않았다 하더라도 소멸시효가 중단된다.

: 관련 규정 : 민법 :

- 제165조(판결 등에 의하여 확정된 채권의 소멸시효) ① 판결에 의하여 확정된 채권은 단기의 소멸시효에 해당한 것이라도 그 소멸시효는 10년으로 한다.

- 제168조(소멸시효의 중단사유) 소멸시효는 다음 각호의 사유로 인하여 중단된다.

  1. 청구
  2. 압류 또는 가압류, 가처분
  3. 승인

- 제174조(*최고와 *시효중단) 최고는 6월내에 재판상의 청구, 파산절차참가, 화해를 위한 소환, 임의출석, 압류 또는 가압류, 가처분을 하지 아니하면 시효중단의 효력이 없다.

* 최고 : 내용증명을 보내 손해배상을 지급하라고 청구하는 것을 법률상 '최고'라고 한다. 민사소송으로 청구하는 것에 비해 불완전하기 때문에 6개월 내에 재판상 청구 등 절차를 밟지 않으면 시효중단의 효력이 소멸한다.

* 시효중단 : 소멸시효 기간 내에 일정한 행위(청구, 압류 등)가 있을 경우 소멸시효 진행이 중지되고 중지사유 소멸 이후 새롭게 소멸시효기간이 진행된다. 만일 민사판결을 받아 확정이 된 경우에는 그때부터 새로 소멸시효가 진행되는데, 이와 같이 판결에 의해 확정된 채권은 일률적으로 소멸시효 기간이 10년으로 연장된다.

한편 소멸시효가 시작되는 시기, 즉 "손해 및 가해자를 안 날"의 의미와 관련해서 문제되는 경우가 있다. 예를 들어, 성범죄로 형사고소를 하여 수사 및 형사재판이 진행되었는데, 가해자가 치열하게 혐의를 부인하고 무죄를 주장하여 1심에서는 무죄가 선고되었지만 검사의 항소로 항소심(2심)에서 유죄판결이 선고된 경우다. 만일 최초 범행시점을 기준으로 소멸시효가 시작된다고 하면 불구속 수사와 재판이 진행될 경우 이미 3년이 지나버렸을 수도 있다. 이에 대해 대법원 판례의 입장은 아래와 같다.

[1] 불법행위로 인한 손해배상청구권의 단기소멸시효의 기산점이 되는 민법 제766조 제1항의 '손해 및 가해자를 안 날'이라고 함은 손해의 발생, 위법한 가해행위의 존재, 가해행위와 손해의 발생과의 사이에 상당인과관계가 있다는 사실 등 불법행위의 요건사실에 대하여 현실적이고도 구체적으로 인식하였을 때를 의미한다. 나아가 피해자 등이 언제 위와 같은 불법행위의 요건사실을 현실적이고도 구체적으로 인식한 것으로 볼 것인지는 개별적 사건에 있어서의 여러 객관적 사정을 참작하고 손해배상청구가 사실상 가능하게 된 상황을 고려하여 합리적으로 판단하여야 한다.

[2] 민법 제766조 제1항에서 규정하는 불법행위의 단기소멸시효는 형사상의 소추와는 무관하게 설정한 민사관계에 고유한 제도이므로 그 시효의 기산점은 원칙적으로 관련 형사사건의 소추 여부 및 그 결과에 영향을 받지 아니한다.

[3] 불법행위의 가해자에 대한 형사사건의 제1심에서 무죄판결이 선고되었다가 항소심에서 유죄판결이 선고된 사안에서, 위 가해자가 수사단계에서부터 혐의를 극력 부인하고 위 형사사건의 제1심에서 무죄판결이 선고되기까지 하였으므로, 피해자로서는 위 형사사건의 항소심에서 유죄판결을 한 때에 이르러서야 비로소 불법행위의 가해자를 현실적이고 구체적으로 인식하였다고 봄이 상당하다고 한 사례.

(출처 : 대법원 2010. 5. 27. 선고 2010다7577 판결 [손해배상(기)] 〉 종합법률정보 판례)

즉 피해자는 2심에서 유죄판결이 된 시점에 이르러서야 불법행위의 존재를 인식하고 손해배상청구를 할 수 있다고 판단할 수 있으므로 그 시점부터 3년의 소멸시효기간이 진행된다고 보고 있다. 위 대법원 판례에서도 확인할 수 있듯이 불법행위로 인한 손해배상청구권은 3년의 단기 소멸시효로 되어 있으므로 '손해 및 가해자를 안 날'의 의미에 관해 손해의 발생, 위법한 가해행위의 존재, 가해행위와 손해의 발생 사이에 상당한 인과관계가 있다는 사실 등 불법행위의 요건사실에 대해 현실적이고도 구체적으로 인식하였을 때를 의미한다고 엄격하게 해석하고 있다.

이와 같이 유무죄 판결이 엇갈리는 상황이 없다면 기본적으로 성범죄 발생일로부터 소멸시효가 진행되므로 수사나 재판이 오래간다면 수사나 형사재판 중이라도 최소한 3년 이내에는 무조건 민사소송을 진행해야 소멸시효의 문제를 피할 수 있다.

언제 손해배상 민사소송을 하는 것이 효과적일까?

소멸시효 기간만 지나지 않았다면 언제든 손해배상 청구 민사소송을 제기할 수 있다. 하지만 적절한 시기는 고민이 필요하다.

1) 성범죄가 발생하자마자 형사고소와 함께 민사소송을 제기하는 경우

만일 가해자가 혐의를 인정하지 않고 무죄라며 다툴 경우 민사소송을 제기한 법원에서는 일단 형사사건 1심 판결결과를 지켜보자며 사실상 진행을 하지 않는다. 왜냐하면 형사사건 결과에 따라 민사소송 결과도 달라질 수 있기 때문이다. 즉 성범죄 발생 후 곧바로 민사소송을 제기한다고 하더라도 그만큼 빨리 민사소송 1심 판결이 나오지 않을 수 있다. 또한 민사소송과 형사소송을 같이 진행할 경우 가해자 측에서는 혐의를 인정하며 형사사건에서 유리한 결과를 이끌어내기 위해 합의를 시도할 수 있겠지만 합의가 되지 않을 경우 민사소송에서 알게 된 피해자의 인적사항을 통해 민사상 공탁을 할 수도 있다. 이 경우 가해자에 대한 엄벌 및 별도의 민사상 손해배상 판결을 목표로 한 경우라면 이러한 목표달성이 어려울 수 있게 된다.

2) 가해자에 대한 1심 판결 내지 2심 판결까지 지켜본 뒤 민사소송을 제기하는 경우

이 경우 피해자가 동의하지 않는 이상 가해자는 형사처벌 수위를 낮추기 위해 피해자와 합의를 할 수도 없고 임의로 피해배상이나 공탁을 할 수 없게 된다. 결국 가해자에 대한 엄벌조치가 가능하고, 별도로 민사상 손해배상청구를 통해 피해배상을 받을 수 있다. 시간적으로 가해자에 대한 형사판결을 기다렸다가 민사를 제기한 것이므로 시간을 지체했다고 생각할 수 있으나 형사판결문으로 '불법행위로 인한 손해배상 책임에 대한 입증'을 곧바로 할 수 있으므로 결코 늦은 게 아니다. 가해자와 별도로 합의를 원하지 않고 엄벌을 희망하면서도 민사상 손해배상을 받고자 한다면 이 방법을 취하는 것이 가장 현실적이다.

다만 가해자 스스로 피해변제의 자력이 없고, 가족 등을 통해 피해변제와 합의를 하려는 것이라면 이미 형사재판을 마치고 처벌까지 받았는데 민사소송에서 손해배상 지급판결을 받더라도 굳이 피해배상을 할지 의문이다. 가해자가 아닌 그 가족 등은 제3자에 불과한데 그러한 제3자에게 손해배상금을 지급하라거나 미지급을 이유로 강제집행을 할 수도 없기 때문이다. 이 경우에는 재판이 끝날 때까지 기다리는 게 좋은 방법은 아닌 것으로 보인다.

어떤 방식을 취하는 것이 최선인지에 대해 정답은 없다. 다만 구체적으로 희망하는 바와 현실적으로 가능한 방법을 고민하면서 최선의 방법을 찾을 수밖에 없다.

넷째, 얼마나 청구할 수 있을까?

법원은 민사소송에서 청구한 금액 범위에서 판단한다. 너무 적다며 올려주는 경우는 없다. 가령 실제 손해로 인정될 금액이 2천만 원인데, 500만 원만 청구했다고 해보자. 이 경우 법원에서는 최대 500만 원까지만 지급하라고 명령할 수 있지, 액수를 넘어 2천만 원을 지급하라고 판단할 수 없다. 이를 '처분권주의'라고 한다. 반대로 실제 손해로 인정될 금액이 500만 원에 불과한데 2천만 원을 청구한 경우, 500만 원 부분에서는 승소, 나머지 1,500만원 부분에서는 패소한 것이 되어 1/4 승소, 3/4 패소가 된다.

민사소송은 기본적으로 승소와 패소 비율에 따라 소송에 들어간 비용을 상대방에게 별도로 청구할 수 있다. 이를 '소송비용확정절차'라고 하는데, 위의 예에서 일부 승소로 500만 원의 배상액을 지급받게 되었지만 막상 1,500만 원은 패소를 했으므로 상대방에게 전체 소송비용 중 3/4를 상환해주어야 한다. 소송비용에서는 기본적으로 변호사보수가 가장 큰 부분을 차지하는데, 소송에서 이기고도 상대방 변호사 보수 중 상당부분을 물어주어야 하는 격이 될 수 있다. 이런 이유로 법원에서 어느 정도 손해배상액으로 인정해줄지 예상하여 청구금액을 정해야 한다.

민사상 손해배상에서 손해는 3가지로 나뉜다.

① 적극적 손해

성범죄로 인해 발생하여 지출하게 된 손해를 말한다. 병원치료비, 진단서 발급비용 등이 해당할 수 있다. 또한 향후에도 계속하여 치료나 요양을 받아야 한다면 향후치료비 항목으로 청구할 수도 있다. 불법촬영물이 의사에 반해 인터넷상에 유포된 경우 해당 영상을 삭제하는 비용도 적극적 손해에 해당된다.

적극적 손해의 경우, 치료비나 관련 증빙자료가 있으면 충분히 인정될 수 있으므로 크게 문제되지 않는다. 다만 별도의 치상, 상해죄가 인정되지 않는 한 치료비 등이 전체 배상에서 큰 액수를 차지하는 경우는 드물다. 물론 성범죄로 인한 정신적 고통이 상당하여 장기간에 걸쳐 정신과 치료가 필요한 경우라면 이 부분이 오히려 전체 손해배상에서 큰 비중을 차지할 수도 있다.

불법촬영유포로 인한 인터넷상의 영상 삭제방법 및 비용

불법촬영물(동의하에 촬영하였으나 동의 없이 유포된 경우 포함)이 인터넷상에 유포된 경우 실제 해당 영상을 모두 확인하여 삭제하는 것은 물리적으로 불가능하다. 해당 영상파일을 다운받아 보관하고 있는 사람이 있다면 언제든 다시 유포되는 것을 막을 수 없기 때문이다. 그래서 개정 성폭법에서는 불법촬영물인 사실을 알고 유포뿐 아니라 다운받아 소지하거나 심지어 시청한 행위 역시 성폭력범죄로 규정하여 처벌하고 있다.

시중에는 인터넷이나 웹하드 등에 유포된 불법촬영물을 비용을 받고 삭제해준다고 홍보하는 업체들이 있는데, 막상 실효성이 있는지 의문이 든다. 오히려 불법촬영물임을 알고 더욱 유포시켜 삭제 등 비용을 부풀려 청구하는 경우도 있는 것이 사실이다. 또한 누군가 해당 영상파일을 다운받아 보관하고 있다면 언제든 업로드가 가능하고 재유포 가능성을 배제할 수 없기 때문에 더욱 실효성에 의문이 든다. 또한 외국에 서버를 둔 웹사이트에 업로드 유포된 경우 해당 행위자를 수사하기도 쉽지 않다.

이와 같이 암암리에 재유포되는 것은 사실상 막기가 어렵고, 대부분 포털사이트를 통해 불법촬영물 파일이 있는 사이트를 검색하여 접속하는 것이므로 방송통신심의위원회(www.kocsc.or.kr)에서 디지털성범죄 신고를 통해 국내에서 해당 사이트 접속을 아예 차단시키는 것이 현실적인 방법일 수밖에 없다. 물론 이 방법 역시 포털사이트에서 해당 불법촬영물이 검색되는지 매번 확인하는 등 번거로움이 따른다.

그럼 어떻게 할까? 정식으로 업무를 대행해주는 업체를 찾아서 의뢰하면 이 업체에 쓴 비용을 적극적 손해로 청구할 수 있겠다.

참고로 필자가 변호를 하면서 직접 방송통신심의위원회에 게시중단 및 사이트접속 차단을 신청한 적이 있는데, 당시 신청 내용은 아래와 같다. 신청을 할 때는 어떠한 사유로 게시중단 및 사이트차단이 필요한지 적고, 해당 불법촬영영상물이 게시된 사이트주소 URL을 기재하면 처리해주고, 처리가 끝나면 결과를 안내해준다. 처리결과를 보면 신고한 내용에 대해 심의한 결과, 국외에 서버를 두고 있다는 게 확인되어, 접속차단으로 결정되었으며, 관련 인터넷 접속서비스 제공자(ISP) 등에게 국내의 이용자가 해당 정보에 접속하지 못하도록 조치할 것을 요청하였다고 기재되어 있다. 한편 대행업체에서 실제로 이 정도를 넘어선 업무를 해줄지 의문이다.

방송통신심의위원회에 게시중단 및 사이트접속 차단 신청 내용

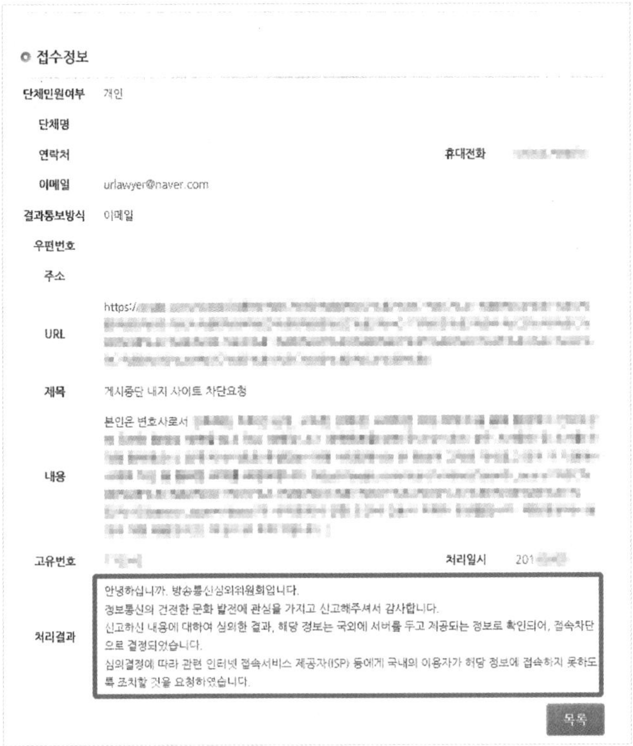

◎ 접수정보

단체민원여부	개인		
단체명			
연락처		휴대전화	
이메일	urlawyer@naver.com		
결과통보방식	이메일		
우편번호			
주소			
URL	https://		
제목	게시중단 내지 사이트 차단요청		
내용	본인은 변호사로서		
고유번호		처리일시	201
처리결과	안녕하십니까. 방송통신심의위원회입니다. 정보통신의 건전한 문화 발전에 관심을 가지고 신고해주셔서 감사합니다. 신고하신 내용에 대하여 심의한 결과, 해당 정보는 국외에 서버를 두고 제공되는 정보로 확인되어, 접속차단으로 결정되었습니다. 심의결정에 따라 관련 인터넷 접속서비스 제공자(ISP) 등에게 국내의 이용자가 해당 정보에 접속하지 못하도록 조치할 것을 요청하였습니다.		

목록

② 소극적 손해

'일실손해'라고도 하는데 성범죄로 인해 다쳐서 입원을 하게 되어 일을 하지 못하였다면 그 기간 동안 입게 된 수입상실액, 장애를 입은 경우 장애기간 및 장애율에 따른 향후 수입상실액이 있을 수 있다. 이를 소극적 손해라고 하는데 손해배상으로 청구할 수 있다.

입원이 필요할 정도로 피해를 입었거나 장애(정신과적 장애 포함) 진단을 받은 경우 장애율과 장애기간에 따른 수입상실액을 계산할 수 있다. 통상 성범죄 피해로 입원할 경우 정신과인 경우가 많고 입원기간이 길지 않은 것이 보통이다. 하지만 경우에 따라 장기간 입원이 필요할 수도 있는데 이 때문에 발생하는 수입상실액까지 인정받으려면 의학적 치료 필요성이 먼저 입증되어야 한다.

③ 위자료

성범죄로 인해 발생한 정신적 고통에 대한 손해를 말한다. 현실적으로 성범죄 피해에 따른 손해배상 청구사건에서는 정신적 고통에 따른 위자료가 대부분을 차지한다. 기본적으로 성적 자기결정권을 침해한 것이고 이는 정신적 고통으로 인한 손해의 성격일 수밖에 없기 때문이다. 정신적 고통으로 인한 위자료는 구체적으로 입증할 수 있는 성격이 되지 못하기 때문에 제반사정을 주장하면 법원이 직권으로 판단하여 위자료 액수에 관해 판단하므로 상당한 재량이 인정되고 있다. 구체적으로 성범죄 피해의 정도, 피해경위, 수사나 재판에서의 가해자가 보인 태도, 2차 가해 여부 등이 중요한 판단요소가 된다.

예를 들어, 성범죄 피해횟수가 여러 번인 경우, 피해 정도가 큰 경우, 가해자가 수사나 재판에서 증거가 명백함에도 악의적으로 범행을 부인하여 피해자가 수사나 재판에 수차례 출석하여 진술과 증언을 하는 등 2차 가해를 발생케 한 경우에는 위자료 액수가 높게 산정될 수 있다.

다만, 법원에서는 성범죄 위자료 산정에 있어서 대형재난 사고가 아닌 일반 불법행위 사안으로 보아 사망한 경우를 최대 위자료 액수로 보고 그 이하 단계별로 위자료 액수를 산정한다. 그렇다보니 단순 1회성 경미한 성범죄에서는 특별한 사정이 없는 한 1억 원을 초과하여 위자료가 인정하지 않는 경향이 있다.

하지만 적극적 손해나 소극적 손해(일실손해)와 달리 위자료의 경우 증거에 의해 적극적인 입증을 하지 않더라도 성범죄 피해로 상당한 정신적 고통이 발생했고, 그래서 위자료지급 책임이 인정된다는 점을 당연하고 의문의 여지없이 받아들이므로 민사소송 진행시 입증책임의 부담 정도가 낮다는 장점이 있다. 이미 수사나 재판을 거쳐 성범죄 가해자에 대한 유죄판단이 된 경우만 확인된다면 위자료 상당의 손해배상은 충분히 인정될 수 있기 때문이다. 또한 최근 성범죄의 해악성에 대한 사회적 인식이 높아지고 법원에서도 성범죄 피해자에 대한 손해배상으로서 위자료 액수를 현실화할 필요성이 제기되고 있는데 피해자에게 다행스러운 점이다.

법원에서 성범죄로 인한 위자료를 계산할 때 감안하는 요소가 너무나도 많다. 그래서 일률적으로 설명하는 것이 사실상 불가능에 가깝다. 다만, 1) 1회 범행을 기준으로 2) 가해자 측에서 수사와 재판에서 혐의를 모두 인정한다는 전제 아래 필자가 소송경험상 대략적으로 예상하는 위자료 액수는 아래와 같다.

〈위자료 예상액〉 (단위 : 만원)

	법원의 위자료 인정 예상액	구체적 감안요소
불법촬영	500~1,000	촬영부위(단순 비노출 전신촬영 / 속옷 등 특정신체부위 / 성관계 등 노출촬영) 및 얼굴 노출 여부 등
불법촬영 유포	1,000~3,000	유포된 불법촬영물 삭제비용을 제외한 순수 위자료로 유포 정도와 기간을 감안
추행 유형 범죄	1,000~3,000	강제력 행사 여부, 추행 부위의 민감도 감안
강간 유형 범죄	3,000~5,000	강제력 행사 정도

3

민사소송,
이렇게 진행된다

① 관할법원에 소장 제출하기

민사소송의 관할은 원고 주소지, 피고 주소지, 불법행위(성범죄) 발생지 이렇게 3곳이다. 3곳 중 원고 본인에게 가장 편한 관할법원에 민사소장을 제출한다. 가령 원고는 경기도 광주시에, 피고는 경기도 수원시에 각 거주하고 있으며, 불법행위(성범죄) 발생지는 서울 서초구인 경우 관할법원은 아래와 같다.

청구금액이 3천만 100원 이상인 경우

- 수원지방법원 성남지원(원고 주소 기준)
- 수원지방법원(피고 주소 기준)
- 서울중앙지방법원(불법행위지 기준)

청구금액이 3천만 원 이하인 경우

– 수원지방법원 성남지원 광주시 법원(원고 주소 기준)

– 수원지방법원(피고 주소 기준)

– 서울중앙지방법원(불법행위지 기준)

* 청구금액이 3천만 원을 기준으로 원고 주소 기준 관할법원이 다르다. 그 이유는 청구금액 3천만 원 이하 사건에 관해서는 시, 군법원에 관할이 있고, 그 금액을 초과하는 사건에 관해서는 시, 군법원 관할이 없고 지방법원이나 지원에 관할이 있기 때문이다.

가해자 주소 파악하는 방법

민사소송을 제기하기 위해서는 가해자를 피고로 하여 소장을 작성해야 하는데, 피고의 주소 자체를 모를 수가 있다. 일반적으로 형사판결까지 확정되었으면 당연히 판결문을 받아볼 수 있고, 피고인의 인적사항을 알 수 있을 것이라 생각하는데, 실제론 그렇지 않다. 가해자의 인적사항은 개인정보이므로 이름 외의 주민등록번호나 주소를 가린 채 열람, 복사가 가능한 경우가 많다.

어떻게 할까? 일단 가해자인 피고를 특정할 수 있는 사항만을 피고의 인적사항에 기재하고 해당 인적사항을 기반으로 사실조회신청서를 함께 작성하여 제출하면 법원에서 '사실조회'를 채택하여 해당 기관에 피고의 인적사항에 관해 회보한다(사실조회 : 법원은 민사소송법 제294조에 근거하여 공공기관·학교, 그 밖의 단체·개인 또는 외국의 공공기관에게 그 업무에 속하는 사항에 관하여 필요한 조사 또는 보관 중인 문서의 등본·사본의 송부를 촉탁할 수 있다. 이와 같은 촉탁을 해달라고 신청하는 것을 '사실조회신청'이라고 한다.).

가령 가해자의 이름을 알지 못한 채 휴대폰 번호만 알고 있을 경우 소장의 피고란에 "성명불상자"라고 기재하고 휴대폰번호만 기재한다. 아울러 통신사별로 조회할 사실조회신청서를 작성하여 조회사항에 해당 휴대폰번호의 가입자에 대한 이름, 주민등록번호, 주소 등 인적사항을 회보하여 달라고 하는 내용을 기재하면, 법원에서 통신사별로 사실조회사항으로 보내 회보하도록 요구한다. 이렇게 법원으로 온 회보서를 통해 피고의 인적사항을 확인했다면 피고의 인적사항을 보완하여 당사자(피고) 표시정정서를 제출하면 소장 제출은 마무리된다.

② 민사재판 기간

가해자인 피고 측에서 어떻게 대응하는지에 따라 1심 판결까지 소요되는 기간도 달라진다. 통상 1심은 6개월~1년 정도, 2심은 4~8개월, 대법원은 짧으면 3개월 수준이고, 만일 여러 법률상 쟁점이 있고 새로운 판례를 판시해야 할 사정이 있다면 2~3년이 걸리는 경우도 있다. 다만, 금전지급을 명하는 판결의 경우 최종적으로 판결이 확정된 시점이 아닌 1심 판결문에 임시로 강제집행을 할 수 있다는 취지의 가집행선고도 함께 해주는데 1심 판결만 선고되어도 강제집행을 진행할 수 있다.

③ 구체적인 민사소송 진행과정

원고(피해자) 측에서 법원에 소장을 제출하면 형식에 맞춰 제대로 기재했는지 살펴서 문제가 있다면 보정명령을 내리고 문제가 없다면 곧바로 피고(가해자) 측에 우편으로 송달하게 된다. 피고는 소장을 받은 날로부터 30일 이내에 원고 청구를 인정하는지, 다투는지 등을 적은 답변서를 제출해야 한다. 법원에 답변서가 도착하면 원고에게도 보내준다. 원고는 피고가 제출한 답변서를 보고 반박할 사항을 적은 준비서면을 제출할 수 있고, 피고 역시 마찬가지로 준비서면을 작성하여 원고 주장을 반박할 수 있다.

이와 같이 서로 서면을 통한 공방이 이어지고, 이후 법정에 참석해야 하는 변론기일이 지정된다. 변론기일이 끝나면 추가로 진행할 사항이 없다는 전제 아래 변론기일을 마치고 선고기일을 지정하여 선고하게 된다. 형사재판과 달리 원고와 피고는 변호사를 소송대리인으로 선임한 경우 변론기일에 출석할 필요가 없다.

④ 민사소송 중 조정가능성

형사상 유죄판결이 확정된 경우, 피고 측의 손해배상 책임은 당연히 인정되는 것이고 위자료 등 배상액수 산정의 문제만 남는 것이므로 굳이 변론기일이나 선고절차를 밟을 것이 아니라 법원에서 적정한 금액으로 서로 조정하여 종결시키려고 할 수 있다.

조정은 어떻게 이루어질까? 먼저, 법원에서 별도로 지정한 조정기일이나 변론기일에 양측의 의견을 물어 조정안을 제시하고 수용할지 여부를 정하는 임의조정방식이 있다. 양측이 임의조정안에 동의하면 민사소송은 곧바로 종결되고 확정판결과 동일한 효력이 생기게 된다. 통상 임의조정을 할 때는 소송비용은 각자 부담하기로 정하는데, 이 경우 원고는 피고에게 승소시 청구할 소송비용을 받지 못하는 문제가 발생하나 2심과 대법원을 거치게 될 경우 시간이나 비용 부담을 덜 수 있기 때문에 조정안이 합리적이고 수용 가능하다면 굳이 판결을 이어가는 것보다 조정안을 택하는 게 유리할 수도 있다.

그 외 강제조정이나 화해권고결정이 있는데, 이는 법원에서 나서서 당사자들에게 조정안을 제시하고 수용 여부를 묻는 방법들이다. 강제조정결정이나 화해권고결정이 이루어지면, 결정문을 받은 날로부터 양 당사자는 14일 이내에 이의신청을 할 수 있다. 둘 중 어느 한 쪽만 이의신청을 해도 해당 조정안은 효력을 잃고 판결 절차가 진행된다. 마찬가지로 조정안이 합리적이고 수용가능하다면 굳이 이의신청을 하지 않는 것이 유리할 때도 있다.

⑤ 가해자 측 재산보전 조치(가압류)

손해배상 청구 민사소송을 제기하여 승소판결을 받았더라도 가해자가 주지 않으면 손해배상금을 받을 길이 없다. 이 문제를 해결하기 위해 압류 등의 강제조치가 있는 것이다. 그런데 이미 가해자가 재산을 탕진하거나 임의로 제3자에게 빼돌릴 경우 강제집행을 할 재산이 없을 수 있다. 물론 이 경우 가해자가 임의로 재산을 빼돌리면 형사상 강제집행면탈죄로 처벌시키거나 민사상 사해행위 취소소송을 통해 재산을 원상회복시키는 방법이 있으나, 재차 소송을 진행해야 하는 부담이 있다.

이와 같이 금전청구 사건에서 강제집행 불능에 대비하기 위해 민사소송 제기 전이나 민사소송 중에도 가해자의 재산에 대해 미리 임시로 압류해놓는 조치를 취할 수 있다. 이를 가압류소송이라고 한다. 일단 가압류를 해놓고 나중에 민사상 확정판결을 받은 뒤 본 집행, 즉 강제집행을 할 수 있다. 또한 가압류 자체만으로도 가해자에게 심리적 압박을 가해 임의로 피해배상을 하도록 하는 효과도 있다.

가압류할 수 있는 대표적인 재산으로는 가해자의 은행계좌에 있는 돈이나 급여채권이 있으며, 경우에 따라 가해자의 부동산 역시 가압류를 할 수 있다. 통상 가압류절차를 진행하면 혹시라도 원고가 본안소송에서 패소할 경우 부당하게 가압류하는 것일 수 있으므로 현금담보공탁 또는 보증보험증권을 발급하여 제출할 것을 조건으로 가압류명령이 나올 수 있다. 다만, 형사사건에서 유죄판결이 확정된 경우라면 민사소송에서도 피해자인 원고 측이 승소할 가능성이 높다고 보아 현금담보공탁이 아닌 소액의 비용으로 발급가능한 보증보험증권 제출을 조건으로 가압류명령이 발부될 가능성이 크다.

4

손해배상을 받기가 어려운 경우에는

가해자에게 손해배상을 할 돈이 없는 경우라도 일단은 민사소송을 통해 판결을 받을 필요가 있다. 3년이라는 소멸시효가 경과하도록 민사상 청구를 하지 않는다면 영원히 피해배상을 받을 수 없기 때문이다. 일단 손해배상 판결문을 받아놓으면 향후 연 12%의 비율에 의한 지연손해금(이자)이 계속 붙게 되고 언젠가 가해자가 경제력을 회복할 경우 그때 강제집행을 할 수도 있다.

그럼에도 현재 기준, 가해자가 경제력이 없고, 또한 피해자 본인도 경제적으로 어렵다면 아래와 같은 피해자지원제도를 이용해보는 것도 고려할 수 있다.

〈성폭력피해자 지원제도〉[1]

지원분류		운영주체	지원대상	지원근거법률
의료비 지원	의료비	성폭력상담소, 해바라기센터, 지방자치단체 등	성폭력피해자 및 가족	성폭력방지법[2] 제28조[3]
	돌봄비	해바라기센터, 지방자치단체	13세 미만의 성폭력피해자 및 성폭력피해를 입은 자의 13세 미만의 자녀(*만 13세 미만)	성폭력방지법 제3조[4]
	간병비	성폭력상담소, 통합지원센터 등	성폭력피해자 (*의료기관에서 입원치료 중이며 가족으로부터 간병이 어려운 사람)	성폭력방지법 제28조
주거지원 -폭력피해여성 -주거지원시설(그룹홈)		성폭력피해자보호시설, 지방자치단체 등	성폭력피해자 및 가족	성폭력방지법 제3조
긴급복지지원		보건복지부 (129 콜센터)	성폭력피해자 및 가족	긴급복지지원법 제2조[5]
범죄피해구조금[6]		피해자 관할 주소지 지방검찰청	성폭력피해자 및 가족	범죄피해자보호법 제16조[7]
성폭력피해자 보호시설(쉼터)		성폭력피해자 보호시설	성폭력피해자	성폭력방지법 제12조[8]

1 이하 표의 내용은 '성폭력피해자 법률지원 안내서'(발행일 : 2014. 12., (사)장애여성공감 성폭력상담소, (사)한국성폭력상담소, (사)한국성폭력위기센터. 97쪽의 내용을 참조하여 현행법률에 맞추어 반영하였다.)

2 성폭력방지 및 피해자보호 등에 관한 법률의 약칭임. 참고로 이 법은 성폭력을 예방하고 성폭력피해자를 보호·지원함으로써 인권증진에 이바지함을 목적으로 제정되었다(제1조 목적).

3 제28조(의료비 지원) ① 국가 또는 지방자치단체는 제27조제2항에 따른 치료 등 의료 지원에 필요한 경비의 전부 또는 일부를 지원할 수 있다.

4 제3조(국가 등의 책무) ① 국가와 지방자치단체는 성폭력을 방지하고 성폭력피해자(이하 "피해자"라 한다)를 보호 · 지원하기 위하여 다음 각 호의 조치를 하여야 한다. 4. 피해자에 대한 주거지원, 직업훈련 및 법률구조 등 사회복귀 지원

5 제2조(정의) 이 법에서 "위기상황"이란 본인 또는 본인과 생계 및 주거를 같이 하고 있는 가구구성원이 다음 각 호의 어느 하나에 해당하는 사유로 인하여 생계유지 등이 어렵게 된 것을 말한다. 〈개정 2010. 1. 18., 2012. 10. 22., 2014. 12. 30., 2018. 12. 11.〉 4. 가정폭력을 당하여 가구구성원과 함께 원만한 가정생활을 하기 곤란하거나 가구구성원으로부터 성폭력을 당한 경우

6 사망, 장해 또는 중상해에 한함.

7 제16조(구조금의 지급요건) 국가는 구조대상 범죄피해를 받은 사람(이하 "구조피해자"라 한다)이 다음 각 호의 어느 하나에 해당하면 구조피해자 또는 그 유족에게 범죄피해 구조금(이하 "구조금"이라 한다)을 지급한다. 1. 구조피해자가 피해의 전부 또는 일부를 배상받지 못하는 경우 2. 자기 또는 타인의 형사사건의 수사 또는 재판에서 고소 · 고발 등 수사단서를 제공하거나 진술, 증언 또는 자료제출을 하다가 구조피해자가 된 경우

8 제12조(보호시설의 설치 · 운영 및 종류) ① 국가 또는 지방자치단체는 성폭력피해자보호시설(이하 "보호시설"이라 한다)을 설치 · 운영할 수 있다.

불법촬영등으로 인한 피해자에 대한 지원 특칙

불법촬영물이 인터넷 등에 유포될 경우 초기에 신속히 삭제 등의 조치를 취하지 않는다면 해당 피해자에게 돌이킬 수 없는 피해가 발생한다. 그럼에도 피해자 본인이나 가해자의 자력이 부족하여 곧바로 불법촬영물의 삭제 등의 조치를 취하지 못하는 경우가 발생할 수 있기에 성폭력방지법에서는 2020년 1월 29일 개정으로 불법촬영물로 인한 피해자에 대한 지원규정을 신설하였고, 지원대상을 더욱 확대 강화하고 있다. 즉 피해자 등이 신청한 경우 국가가 비용을 지출하여 삭제를 지원하고, 성범죄 가해자에게 그 비용의 상환(구상)청구할 수 있도록 규정했다.

관련규정 : 성폭력방지법

제7조의3(불법촬영물등으로 인한 피해자에 대한 지원 등)

① 국가는 다음 각 호의 어느 하나에 해당하는 촬영물 또는 복제물등(이하 이 조에서 "촬영물등"이라 한다)이 정보통신망(「정보통신망 이용촉진 및 정보보호 등에 관한 법률」 제2조제1항제1호의 정보통신망을 말한다. 이하 같다)에 유포되어 피해(촬영물등의 대상자로 등장하여 입은 피해를 말한다)를 입은 사람에 대하여 촬영물등의 삭제를 위한 지원을 할 수 있다. 〈개정 2020. 1. 29., 2021. 1. 12.〉

1. 「성폭력범죄의 처벌 등에 관한 특례법」 제14조에 따른 촬영물 또는 복제물(복제물의 복제물을 포함한다)
2. 「성폭력범죄의 처벌 등에 관한 특례법」 제14조의2에 따른 편집물등 또는 복제물(복제물의 복제물을 포함한다)

3. 「아동·청소년의 성보호에 관한 법률」 제2조제5호에 따른 아동·청소년성착취물

② 제1항에 따른 지원 대상자, 그 배우자(사실상의 혼인관계를 포함한다), 직계친족, 형제자매 또는 지원 대상자가 지정하는 대리인(이하 이 조에서 "삭제지원요청자"라 한다)은 국가에 촬영물등의 삭제를 위한 지원을 요청할 수 있다. 이 경우 지원 대상자가 지정하는 대리인은 여성가족부령으로 정하는 요건을 갖추어 삭제지원을 요청하여야 한다. 〈신설 2020. 1. 29., 2021. 1. 12.〉

③ 국가는 다음 각 호의 어느 하나에 해당하는 촬영물등에 대해서는 삭제지원요청자의 요청 없이도 삭제를 위한 지원을 한다. 이 경우 범죄의 증거 인멸 등을 방지하기 위하여 해당 촬영물등과 관련된 자료를 보관하여야 한다. 〈신설 2021. 1. 12.〉

1. 수사기관의 삭제지원 요청이 있는 제1항제1호 또는 제2호에 따른 촬영물등
2. 「아동·청소년의 성보호에 관한 법률」 제2조제5호에 따른 아동·청소년성착취물

④ 제1항에 따른 촬영물등 삭제지원에 소요되는 비용은 「성폭력범죄의 처벌 등에 관한 특례법」 제14조·제14조의2에 해당하는 죄를 범한 성폭력행위자 또는 「아동·청소년의 성보호에 관한 법률」 제11조에 해당하는 죄를 범한 아동·청소년대상 성범죄행위자가 부담한다. 〈개정 2020. 1. 29., 2021. 1. 12.〉

⑤ 국가가 제1항에 따라 촬영물등 삭제지원에 소요되는 비용을 지출한 경우 제4항의 성폭력행위자 또는 아동·청소년대상 성범죄

행위자에 대하여 구상권(求償權)을 행사할 수 있다. 〈개정 2020. 1. 29., 2021. 1. 12.〉

⑥ 제1항 및 제2항에 따른 촬영물등 삭제지원의 내용·방법, 제3항 후단에 따른 자료 보관의 방법·기간 및 제5항에 따른 구상권 행사의 절차·방법 등에 필요한 사항은 여성가족부령으로 정한다. 〈개정 2020. 1. 29., 2021. 1. 12.〉

[본조신설 2018. 3. 13.]

[제목개정 2020. 1. 29.]

형사소송의 대상은 아니지만
민사소송이 가능한 '성희롱'

1. 우 조교 사건

성희롱이란 말은 90년대 서울대학교 우 조교 사건에서 처음 우리 사회에 제기된 용어다. 그 이전에는 대한민국에 성희롱이라는 말 자체가 없었고 이 사건이 6년간 법정공방을 거치며 대법원 판결로 확정되면서 이후 정식 법제화에 이르게 되었다.

우 조교 사건이란, 당시 서울대학교 화학과 실험실 조교로 일하던 우 씨가 재임용권한을 가진 지도교수 신 씨로부터 원치 않는 신체접촉과 언어적 성희롱을 당해왔던 사건이었다. 이 사건은 불법행위를 원인으로 한 손해배상 청구 민사소송으로 진행되었는데 1심에서는 성희롱으로 인한 불법행위가 인정되어 5,000만 원의 손해배상 청구금 중 3,000만 원이 인용되었으나, 2심에서는 성희롱의 범위를 엄격히 보아야 한다며 1심 판결을 뒤집고 피해자의 청구를 기각했다. 대법원에서 성희롱의 개념을 정의하며 2심 판결을 파기하고 2심으로 다시 사건을 돌려보냈으며, 1999년 6월 2심인 서울고등법원은 성희롱 책임을 인정하여 500만 원을 지급하라는 판결을 하여 최종 확정되었다.

워낙 사회적 반향을 일으킨 대법원 판결이므로 판결요지를 소개하면 아래와 같다.

[1] 성적 표현행위의 위법성 여부는, 쌍방 당사자의 연령이나 관계, 행위가 행해진 장소 및 상황, 성적 동기나 의도의 유무, 행위에 대한 상대방의 명시적 또는 추정적인 반응의 내용, 행위의 내용 및 정도, 행위가 일회적 또는 단기간의 것인지 아니면 계속적인 것인지 여부 등의 구체적 사정을 종합하여, 그것이 사회공동체의 건전한 상식과 관행에 비추어 볼 때 용인될 수 있는 정도의 것인지 여부 즉 선량한 풍속 또는 사회질서에 위반되는 것인지 여부에 따라 결정되어야 하고, 상대방의 성적 표현행위로 인하여 인격권의 침해를 당한 자가 정신적 고통을 입는다는 것은 경험칙상 명백하다.

[2] 피해자가 엔엠알기기 담당 유급조교로서 정식 임용되기 전후 2, 3개월 동안, 가해자가 기기의 조작 방법을 지도하는 과정에서 피해자의 어깨, 등, 손 등을 가해자의 손이나 팔로 무수히 접촉하였고, 복도 등에서 피해자와 마주칠 때면 피해자의 등에 손을 대거나 어깨를 잡았고, 실험실에서 "요즘 누가 시골 처녀처럼 이렇게 머리를 땋고 다니느냐."고 말하면서 피해자의 머리를 만지기도 하였으며, 피해자가 정식 임용된 후에는 단둘이서 입방식을 하자고 제의하기도 하고, 교수연구실에서 피해자를 심부름 기타 명목으로 수시로 불러들여 위아래로 훑어보면서 몸매를 감상하는 듯한 태도를 취하여 피해자가 불쾌하고 곤혹스러운 느낌을 가졌다면, 화학과 교수 겸 엔엠알기기의 총책임자로서 사실상 피해자에 대하여 지휘·감독관계에 있는 가해자의 위와 같은 언동은 분명한 성적인 동기와 의도를 가진 것으로 보여지고, 그러한 성적인 언동은 비록 일정 기간 동안에 한하는 것이지만 그 기간 동안만큼은 집요하고

계속적인 까닭에 사회통념상 일상생활에서 허용되는 단순한 농담 또는 호의적이고 권유적인 언동으로 볼 수 없고, 오히려 피해자로 하여금 성적 굴욕감이나 혐오감을 느끼게 하는 것으로서 피해자의 인격권을 침해한 것이며, 이러한 침해행위는 선량한 풍속 또는 사회질서에 위반하는 위법한 행위이고, 이로써 피해자가 정신적으로 고통을 입었음은 경험칙상 명백하다고 한 사례.

[3] 이른바 성희롱의 위법성의 문제는 종전에는 법적 문제로 노출되지 아니한 채 묵인되거나 당사자 간에 해결되었던 것이나 앞으로는 빈번히 문제될 소지가 많다는 점에서는 새로운 유형의 불법행위이기는 하나, 이를 논함에 있어서는 이를 일반 불법행위의 한 유형으로 파악하여 행위의 위법성 여부에 따라 불법행위의 성부를 가리면 족한 것이지, 불법행위를 구성하는 성희롱을 고용관계에 한정하여, 조건적 성희롱과 환경형 성희롱으로 구분하고, 특히 환경형의 성희롱의 경우, 그 성희롱의 태양이 중대하고 철저한 정도에 이르러야 하며, 불법행위가 성립하기 위하여는 가해자의 성적 언동 자체가 피해자의 업무수행을 부당히 간섭하고 적대적 굴욕적 근무환경을 조성함으로써 실제상 피해자가 업무능력을 저해당하였다거나 정신적인 안정에 중대한 영향을 입을 것을 요건으로 하는 것이므로 불법행위에 기한 손해배상을 청구하는 피해자로서는 가해자의 성희롱으로 말미암아 단순한 분노, 슬픔, 울화, 놀람을 초과하는 정신적 고통을 받았다는 점을 주장·입증하여야 한다는 견해는 이를 채택할 수 없다. 또한 피해자가 가해자의 성희롱을 거부하였다는 이유로 보복적으로 해고를 당하였든지 아니면 근로환경에 부당한

간섭을 당하였다든지 하는 사정은 위자료를 산정하는 데에 참작사유가 되는 것에 불과할 뿐 불법행위의 성립 여부를 좌우하는 요소는 아니다.

[4] 민법 제756조에 규정된 사용자 책임의 요건인 '사무집행에 관하여'라는 뜻은 피용자의 불법행위가 외형상 객관적으로 사용자의 사업활동 내지 사무집행 행위 또는 그와 관련된 것이라고 보여질 때에는 행위자의 주관적 사정을 고려함이 없이 이를 사무집행에 관하여 한 행위로 본다는 것이고, 외형상 객관적으로 사용자의 사무집행에 관련된 것인지의 여부는 피용자의 본래 직무와 불법행위와의 관련 정도 및 사용자에게 손해 발생에 대한 위험 창출과 방지조치 결여의 책임이 어느 정도 있는지를 고려하여 판단하여야 한다.

[5] 고용관계 또는 근로관계는 이른바 계속적 채권관계로서 인적 신뢰관계를 기초로 하는 것이므로, 고용계약에 있어 피용자가 신의칙상 성실하게 노무를 제공할 의무를 부담함에 대하여, 사용자로서는 피용자에 대한 보수지급의무 외에도 피용자의 인격을 존중하고 보호하며 피용자가 그 의무를 이행하는 데 있어서 손해를 받지 아니하도록 필요한 조치를 강구하고 피용자의 생명, 건강, 풍기 등에 관한 보호시설을 하는 등 쾌적한 근로환경을 제공함으로써 피용자를 보호하고 부조할 의무를 부담하는 것은 당연한 것이지만, 어느 피용자의 다른 피용자에 대한 성희롱 행위가 그의 사무집행과는 아무런 관련이 없을 뿐만 아니라, 가해자의 성희롱 행위가 은밀하고 개인적으로 이루어지고 피해자로서도 이를 공개하지 아니하여 사용자로서는 이를 알거나 알 수 있었다고 보여지지

도 아니하다면, 이러한 경우에서까지 사용자가 피해자에 대하여 고용 계약상의 보호의무를 다하지 아니하였다고 할 수는 없다.

(출처 : 대법원 1998. 2. 10. 선고 95다39533 판결 [손해배상(기)] 〉 종합법률정보 판례)

2. 성희롱과 성범죄의 구별

쉽게 말해 성희롱은 상대방의 의사와 관계없이 성적으로 수치심을 주는 말이나 행동을 말한다. 성희롱 자체만으로 성범죄가 되는 것은 아니다. 기본적으로 성범죄는 넓은 의미로 보면 성희롱의 범주에 포함된다고 볼 수 있으며, 성희롱 역시 성적 자기결정권을 침해하는 것이므로 불법행위로서 민사상 손해배상책임이 발생하며, 소속 회사나 기관에서는 징계책임이 발생한다고 볼 수 있다.

물론 아래와 같은 경우는 성희롱 자체가 성범죄인 경우가 있다. 헌법 제34조에서는 노인과 청소년, 장애인의 권익보호를 규정하고 있다(헌법 제34조 ④ 국가는 노인과 청소년의 복지향상을 위한 정책을 실시할 의무를 진다. ⑤ 신체장애자 및 질병·노령 기타의 사유로 생활능력이 없는 국민은 법률이 정하는 바에 의하여 국가의 보호를 받는다.). 이에 근거하여 사회적 약자인 아동, 노인, 장애인에 대해서는 성희롱 자체를 성범죄로 규정하고 있다.

: 관련 규정 :

아동복지법

제17조(금지행위) 누구든지 다음 각 호의 어느 하나에 해당하는 행위를 하여서는 아니 된다.

2. 아동에게 음란한 행위를 시키거나 이를 매개하는 행위 또는 아동에게 성적 수치심을 주는 성희롱 등의 성적 학대행위

* '아동'은 아동복지법상 18세 미만인 사람을 말함

제71조(벌칙) ① 제17조를 위반한 자는 다음 각 호의 구분에 따라 처벌한다.

1의2. 제2호에 해당하는 행위를 한 자는 10년 이하의 징역 또는 1억원 이하의 벌금에 처한다.

노인복지법

제39조의9(금지행위) 누구든지 65세 이상의 사람(이하 이 조에서 "노인"이라 한다)에 대하여 다음 각 호의 어느 하나에 해당하는 행위를 하여서는 아니된다.

2. 노인에게 성적 수치심을 주는 성폭행·성희롱 등의 행위

제55조의3(벌칙) ① 다음 각 호의 어느 하나에 해당하는 자는 5년 이하의 징역 또는 5천만원 이하의 벌금에 처한다.

2. 제39조의9제1호(폭행에 한정한다)부터 제4호까지 또는 같은 조

제6호에 해당하는 행위를 한 자

장애인복지법

제59조의9(금지행위) 누구든지 다음 각 호의 어느 하나에 해당하는 행위를 하여서는 아니 된다. 〈개정 2017. 2. 8.〉

1. 장애인에게 성적 수치심을 주는 성희롱·성폭력 등의 행위

* 장애인복지법상 장애인은 신체적·정신적 장애로 오랫동안 일상생활이나 사회생활에서 상당한 제약을 받는 자로서 일정 기준에 해당하는 자를 말한다.

제86조(벌칙) ① 제59조의9제1호의 행위를 한 사람은 10년 이하의 징역 또는 1억원 이하의 벌금에 처한다.

이외에도 성폭법에서는 전화, 우편, 컴퓨터, 그 밖의 통신매체를 이용하여 성희롱을 한 경우 통신매체이용음란죄로 구성하고 있다.

: 관련 규정 :

성폭력범죄의처벌등에관한특례법 제13조(통신매체를 이용한 음란행위)

자기 또는 다른 사람의 성적 욕망을 유발하거나 만족시킬 목적으로 전화, 우편, 컴퓨터, 그 밖의 통신매체를 통하여 성적 수치심이나 혐

오감을 일으키는 말, 음향, 글, 그림, 영상 또는 물건을 상대방에게 도달하게 한 사람은 2년 이하의 징역 또는 1천만원 이하의 벌금에 처한다.

3. 직장 내 성희롱의 문제

직장 내 성희롱에는 어떤 것이 있을까? 이와 관련해서는 아래 남녀고용평등과 일·가정 양립 지원에 관한 법률 시행규칙 [별표 1]을 참고하자.

성희롱 여부를 판단할 때에는 피해자의 주관적 사정을 고려하나 그렇다고 모든 주관적 사정을 다 헤아리지는 않고, 피해자가 사회통념상 합리적인 사람이라는 전제에서 판단한다는 것을 유념할 필요가 있다. 쉽게 말하자면 아무리 피해자의 입장이 되어 판단해 보아도 성희롱이라고 판단할지 불분명한 경우는 성희롱으로 볼 수 없다는 의미다.

예를 들어 피해자가 가해자와 이미 어느 정도 수위의 성적 농담 등을 주고받던 관계였다면 이후 비슷한 수위의 성적 언행에 대해서 성희롱으로 판단하기 힘들 수 있다. 실제로도 가해자 측에서는 과거 피해자와의 친분, 호감 등을 주장하며 해당 발언이나 행동이 용인될 것으로 생각했다는 식으로 주장하는 경우가 많다.

통상 직장 내 성희롱의 경우 직급이나 지위가 높은 가해자가 그렇지 못한 피해자를 상대로 저지르는 경우가 많은데, 그렇다보니 직장 내 고충상담기관에 성희롱 피해를 호소해도 제대로 처리가 되지 않는 경우가 많다. 오히려 성희롱 피해를 호소하는 피해자에게 불이익이 되는 조치가 이루어지는 경우가 있다.

기본적으로 남녀고용평등과 일·가정 양립 지원에 관한 법률에서는 사업주에게 성희롱 발생시 가해자에 대한 징계 등 조치의무를 부과하고 있다. 또한 피해자에게 해고 등 불리한 조치를 취해서는 안 될 의무도 부과하고 있다. 특히, 성희롱 피해를 주장하는 피해자에게 해고 등 불리한 조치를 취할 경우 사업주에게 형벌로 3년 이하의 징역 또는 3천만 원 이하의 벌금이 부과될 수 있다. 즉 이 경우에는 직장 내 성희롱으로 인해 형사사건이 될 수 있다.

그 외에도 사업주가 성희롱 가해자일 경우에는 스스로 징계 등 조치를 기대할 수 없으므로 1천만 원 이하의 과태료 부과하도록 규정하고 있다.

직장 내 성희롱을 판단하기 위한 기준의 예시(제2조 관련)

1. 성적인 언동의 예시

가. 육체적 행위

(1) 입맞춤, 포옹 또는 뒤에서 껴안는 등의 신체적 접촉행위

(2) 가슴·엉덩이 등 특정 신체부위를 만지는 행위

(3) 안마나 애무를 강요하는 행위

나. 언어적 행위

(1) 음란한 농담을 하거나 음탕하고 상스러운 이야기를 하는 행위 (전화통화를 포함한다)

(2) 외모에 대한 성적인 비유나 평가를 하는 행위

(3) 성적인 사실 관계를 묻거나 성적인 내용의 정보를 의도적으로 퍼뜨리는 행위

(4) 성적인 관계를 강요하거나 회유하는 행위

(5) 회식자리 등에서 무리하게 옆에 앉혀 술을 따르도록 강요하는 행위

다. 시각적 행위

(1) 음란한 사진·그림·낙서·출판물 등을 게시하거나 보여주는 행위(컴퓨터통신이나 팩시밀리 등을 이용하는 경우를 포함한다)

(2) 성과 관련된 자신의 특정 신체부위를 고의적으로 노출하거나 만지는 행위

라. 그 밖에 사회통념상 성적 굴욕감 또는 혐오감을 느끼게 하는 것으로 인정되는 언어나 행동

2. 고용에서 불이익을 주는 것의 예시

채용탈락, 감봉, 승진탈락, 전직(轉職), 정직(停職), 휴직, 해고 등과 같이 채용 또는 근로조건을 일방적으로 불리하게 하는 것

※ 비고 : 성희롱 여부를 판단하는 때에는 피해자의 주관적 사정을 고려하되, 사회통념상 합리적인 사람이 피해자의 입장이라면 문제가 되는 행동에 대하여 어떻게 판단하고 대응하였을 것인가를 함께 고려하여야 하며, 결과적으로 위협적·적대적인 고용환경을 형성하여 업무능률을 떨어뜨리게 되는지를 검토하여야 한다.

맺음말

아직 피해자로 확정된 게 아니다

이 책을 읽고 성범죄 가해자에 대한 법적 대응방법을 고민하고 있다면 아직 법적으로는 '피해자'가 아니다. 수사나 재판절차에서는 '피해자'라는 용어를 사용하고 있지만 이는 잠정적인 의미에 불과하다. 만일 가해자에 대해 무혐의 불기소처분이나 무죄판결이 내려지면 그때는 이 용어 자체를 쓸 수 없게 된다. 만일 무혐의나 무죄판결 이후에도 피해자를 주장하면 오히려 무고나 위증죄의 가해자도 될 수 있다.

벌어진 그대로의 사실보다 '보이는' 사실이 더욱 중요할 수도 있다

형사사법절차는 기본적으로 "모른다"는 전제에서 출발한다. 신과 당사자 본인이 아닌 이상 가해자와 피해자 단 둘만 있는 상황에서 발생한 일을 알 수 있는 사람은 아무도 없다. 결국 별다른 증거가 없는 성범죄에서 양쪽 당사자의 말을 들어보고 누구의 말이 더욱 믿을 만한지 제3자인 수사기관 및 법원이 판단한다. 즉 사실 그 자체보다는 '어떻게 사실처럼 보이는지'가 더 중요할 수 있다는 말이다.

그런데 피해자는 가해자와 마찬가지로 사건당사자이고 피해자 본인이 자체로 증거이긴 하나 객관화된 시선으로 스스로의 사건을 바라보는 게 쉽지 않다. 왜 이런 일이 나에게 발생했을까, 당시 어떻게 했어야 하는데 같은 후회 등의 복잡한 피해감정들이 사건을 냉정히 주시하지 못하도록 가로막는다.

하지만 성범죄의 혐의 유무를 판단하는 수사기관과 법원에서는 "어떻게 보이는지"에 더 주목할 수밖에 없는데, 그렇다보니 피해자 스스로 가해자의 성범죄 혐의를 입증시키는 데 적절한 대응수단을 강구하지 못하는 경우도 생긴다.

형사소송은 결국 '진실게임'이다

수사절차에서는 일단 피해자의 말이 사실이라는 전제로 시작하겠지만, 이후 수사나 재판절차에서 가해자의 주장이 더욱 설득력을 갖는다면 결국 무혐의, 무죄판결이 나올 수밖에 없다.

형사소송은 가해자에 대한 무죄추정 원칙을 기본으로 하고 있으며, 유죄가 되기 위해서는 합리적 의심의 여지가 없을 정도의 고도의 입증이 필요하다. 그런데 이와 같은 절차에서 피해자는 소송당사자도 아니며, 소송관계인에 불과하다. 결국 형사소송이라는 진실게임에서 이기기 위해서는 전략이 필요할 수밖에 없다.

게임은 잘하는 사람이 이기기 마련이지만, 상대가 못해서 이기기도 한다. 이러한 상대방이 되지 않으려면 어떻게 해야 하는지 냉정히 고민해볼 필요가 있다.

이와 같은 냉혹한 게임에서 이긴 이후에 진정한 피해자가 되는 것이고, 가해자에 대해 엄벌이나 합당한 피해배상을 요구할 수 있다.

힘든 싸움이 될 수도 있겠으나 이 책을 통해 싸움에서 이기고 승리하여 진정한 피해자를 넘어 승자가 될 수 있기를 간절히 희망한다.